Das Märchen der vertrauenswürdigen Fairness in der Rhetorik [2100]

Von Ausgrenzung, Benachteiligung, Vorurteilen

Horst Hanisch

© Zweite Auflage: 2025 by Horst Hanisch

© Erste Auflage: 2024 by Horst Hanisch

Bibliografische Information der Deutschen Nationalbibliothek: Die Deutsche Nationalbibliothek verzeichnet diese Publikation in der Deutschen Nationalbibliografie; detaillierte bibliografische Daten sind im Internet über dnb.dnb.de abrufbar.

Idee und Entwurf: Horst Hanisch, Bonn

Lektorat: Annelie Möskes, Bornheim

Buchsatz: Guido Lokietek, Aachen; Horst Hanisch, Bonn

Umschlag: Christian Spatz, engine-productions, Köln; Horst Hanisch, Bonn

Fotos/Zeichnungen: Horst Hanisch, Bonn

Verlag: BoD · Books on Demand GmbH, In de Tarpen 42, 22848 Norderstedt, bod@bod.de
Druck: Libri Plureos GmbH, Friedensallee 273, 22763 Hamburg

ISBN: 978-3-7597-0283-8

Das Märchen
der vertrauenswürdigen
Fairness in der Rhetorik [2100]

Von Ausgrenzung,
Benachteiligung, Vorurteilen

Inhaltsverzeichnis

Hinleitung zum Ratgeber

„Erzähl mir keine Märchen!"

„Das wunderbarste Märchen ist das Leben selbst."
Hans Christian Andersen, dän. Märchendichter
(1805 - 1875)

Das Gute besiegt das Böse

An Silvester 1910 wurde meine Omi, Frieda Maria, geboren. Ungefähr ab Mitte der sechziger Jahre habe ich Erinnerungen an sie und ihre Werke. Sie malte wunderschöne Gemälde, fertigte unzählige Zeichnungen an und schrieb viele Märchen, die sie auch selbst bebilderte.

Sie brachte die meisten Märchen etwa ab 1930 bis 1947 zu Papier. Meiner Omi gelang es trotz intensiver Bemühungen nicht, einen geeigneten Verlag zur Veröffentlichung ihrer gesammelten Märchen zu überzeugen.

Deshalb wechselte Omi die Strategie. Sie war der Überzeugung, dass ich, ihr Enkel, in späteren Jahren durch die Veröffentlichung dieser Märchen ein gutes Einkommen erzielen könnte.

Nun, davon gehe und ging ich allerdings nicht im mindesten aus.

Im Jahr 2015 veröffentlichte ich im Gedenken an meine Omi das Buch ‚Omi hüpf' mal', in dem aus ihrem Leben – und von ihren Märchen – berichtet wird.

In den Märchen sind schriftstellerische Höhepunkte kaum zu erwarten. Nach Angaben meiner Omi dienten die Märchen hauptsächlich dazu, ihren beiden eigenen Kindern, Alfred (meinem Vater) und Edith, vorgelesen zu werden. Also: Eine Mutter schrieb für ihre Kinder.

Auf dem Cover des vorliegenden Ratgebers ist ein Ausschnitt aus der Bebilderung des Märchens ‚Das Feuermännchen' zu sehen.

Märchen – eine erfundene Erzählung

Ein Märchen gilt als eine fantasievolle, erfundene Erzählung. Märchen leitet sich von ‚Mär‘ (mittelhochdeutsch ‚maere‘ für ‚Kunde‘, ‚Nachricht‘) ab.

Manche Märchen sollen über 4.000 Jahre alt sein, so wie beispielsweise ‚Rumpelstilzchen‘.

Die meisten Märchen sind monarchisch geprägt und zeichnen sich durch eine Moral aus. Das Gute gewinnt über das Böse. Das Geschilderte ‚geschah‘ irgendwann und irgendwo. Die unschuldige Prinzessin, der forsche Prinz, das Königspaar – fast immer ist jemand aus dem Hochadel eingebunden.

Die unschuldige Prinzessin und der mutige Prinz

Wie prägend der adelige Einfluss in die Sprache genommen hat, zeigt sich in Formulierungen wie: Weinkönigin, Bienenkönigin, Schützenkönig, Lottokönig, Königsdisziplin, Karnevalsprinz – und immerhin – der Traumprinz. Allerdings findet sich der König auch im Wort Ausbrecherkönig.

Der mächtige König und seine schnell handelnde ‚Dame‘ haben in vielen Kartenspielen einen hohen Wert. Sie sind entscheidend beim strategischen Vorgehen einer Schlacht auf dem Schachbrett.

Fällt die Dame, ist das eine Tragödie. Fällt der König, ist er ‚schachmatt‘. Das Wort stammt aus der persischen Sprache ‚schah mat‘ und bedeutet ‚der König (der Schah) ist geschlagen‘.

Das Spiel ist aus. Das Heer hat verloren. Der König hat seine Macht eingebüßt.

Hoffentlich kann sein Sohn, der Prinz, bei nächster Gelegenheit wieder triumphieren.

Die Bezeichnung ‚Prinz‘ lässt sich nachvollziehen aus dem Lateinischen ‚primus‘ für ‚der Erste‘ und ‚princeps‘ für ‚Ranghöchster‘. Er ist in der Hierarchie derjenige, der den König beerben wird.

Viele Mädchen wünschen sich zu Karneval ein Prinzessinnen-Kostüm. Statt Prinzin wird Prinzessin (nach dem Französischen ‚princess‘) verwendet.

In der Vergangenheit galt die französische Sprache als die der gebildeten Schicht.

Prinzessin ist auch der Kosename für die Tochter oder geliebte Ehefrau. Aus dem Prinzesschen allerdings lugt eine verhätschelte junge Frau hervor, die mit ihrem eigenwilligen Kopf ‚ihre Dinge‘ durchsetzen will (was ihr in der Regel auch gelingt).

Keine Märchen auftischen

Im realen Leben geht es um konkrete Situationen im Hier und Jetzt. Nicht zwangsläufig muss das Gute gewinnen, sondern die rhetorisch überzeugende Argumentation oder die in der Gesellschaft verankerten Vorurteile.

Lesern und Leserinnen ist bewusst, dass Märchen genau als solche zu betrachten sind. Sie haben mit der Wahrheit nichts zu tun. Natürlich soll hierbei nicht der Aspekt der Moral unterschätzt werden.

Aus dem Erzählten kann beispielsweise gefolgert werden, dass ‚böses‘ Verhalten nicht zum Erfolg führt. Also soll sich ‚brav‘ und ‚fair‘ verhalten werden.

Ein gewisser Lerneffekt ist beabsichtigt. Aber: Führt das ‚saubere‘ Verhalten zwangsläufig zum Erfolg?

In der Realität dominieren rationale Überlegungen und Vorgehensweisen – und materielles Streben. Wird immer respektvoll, wertschätzend und fair miteinander umgegangen? Werden im gesellschaftlichen und geschäftlichen Umgang nicht auch manchmal ‚Märchen‘ aufgetischt?

Sollen fantasievolle und kreative Geschichten dazu beitragen, das Zusammenleben zu vereinfachen und/oder berufliche Vereinbarungen leichter zu treffen?

Wird jemandem ein Märchen erzählt – manche sagen sogar ‚aufgetischt‘ – darf davon ausgegangen werden, dass das Aufgetischte nicht eins zu eins der Wahrheit entspricht. Es wird geschummelt, getäuscht, ja leider muss gesagt werden, auch gelogen.

Nicht umsonst wehrt ein anderer ab: „Erzähl mir keine Märchen!"

Liebe Leserinnen, liebe Leser, der gut gemeinte Appell an Sie lautet: „Lassen Sie sich keine Märchen aufbinden – und schon gar nicht im Berufsleben!

Entlarven Sie diese und kontern Sie unter Beibehaltung guter Umgangsformen. Kehren Sie zur ‚sauberen' Realität zurück."

Der Ratgeber soll Ihnen hierzu einige wertvolle Hinweise geben.

Guten Erfolg wünscht Ihnen

Horst Hanisch

Liebe Leserinnen, liebe Leser, der gut gemeinte Appell an Sie lautet: „Lassen Sie sich keine Märchen aufbinden – und schon gar nicht im Berufsleben!

Entlarven Sie diese und kontern Sie unter Beibehaltung guter Umgangsformen. Kehren Sie zur ‚sauberen' Realität zurück."

Der Ratgeber soll Ihnen hierzu einige wertvolle Hinweise geben.

Guten Erfolg wünscht Ihnen

Prolog

Der faire Umgang

> *„Ein Kind, dem nie Märchen erzählt worden sind,*
> *wird ein Stück Feld in seiner Seele haben,*
> *auf dem in späteren Jahren nicht mehr angebaut werden kann."*
>
> **Johann Gottfried von Herder, dt. Philosoph**
> **(1744 - 1803)**

„Seid fair!"

- o „Seid fair beim Fußballspiel", ruft der Vater seinem Sohn nach, der sich mit dessen Freund zum Fußballspielen aufmacht.

Das Wort ‚fair' stammt aus der englischen Sprache. Es bedeutet ein anständiges Verhalten anderen gegenüber zu zeigen.

Unfairness

Menschen klagen immer wieder über Ausgrenzung, Benachteiligung, ungerechte Behandlung, Verletzung der Gerechtigkeit und vieles mehr, was in dieselbe Richtung zeigt. Sie fühlen sich weder anständig noch fair behandelt.

Die meisten Menschen wünschen und erwarten einen fairen Umgang miteinander. Statt egoistischer Respektlosigkeit und dem Gefühl der ‚Verrohung der Sitten'. Bei steigender Tendenz dieser negativen Beobachtung, wünschen sie sich einen wertschätzenden, respektvollen Umgang mit offener, transparenter Kommunikation.

Weshalb bauen viele Menschen eine unsichtbare Mauer um sich auf, hinter der sie gedanklich – von außen nicht einsehbar – ihre Handlungen umsetzen?

Weshalb kommt es immer wieder vor, dass einige Personen versuchen, andere absichtlich ‚übers Ohr zu hauen'?

Ist Fairness etwa out?

Interaktion

Zwei Personen treten miteinander in Kontakt. Sie kommunizieren, tauschen sich aus und verhandeln miteinander. Sie sind interaktiv, das bedeutet, sie arbeiten wechselseitig.

Das erwähnte ‚Tauschen' oder ‚Austauschen' beschreibt bereits, dass jeder dem anderen etwas gibt.

Das ‚etwas' muss gleichwertig sein, um von Fairness zu sprechen.

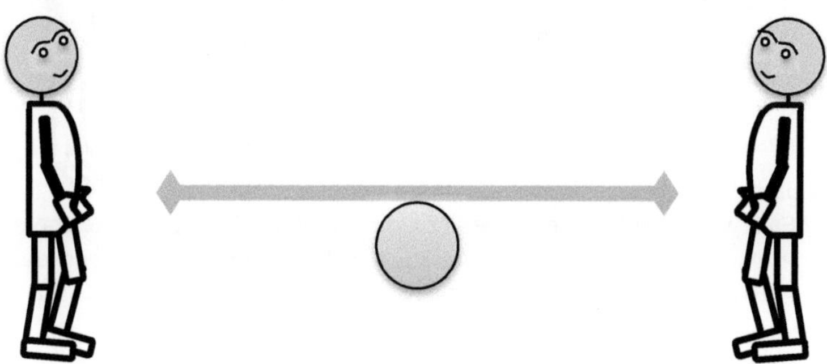

Das, was einer gibt, ist gleich viel wert wie das, was er erhält.

Beide Beteiligten müssen das Gefühl haben, fair behandelt worden zu sein. Fühlt sich einer der beiden übervorteilt, sieht es wie das Bild zeigt so aus:

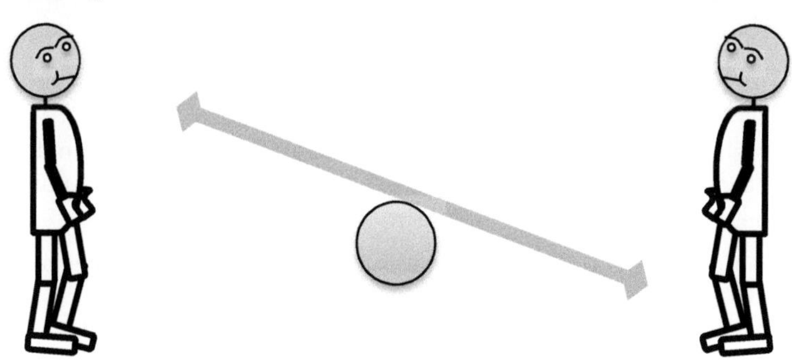

Der Tausch verlief nicht fair. Einer der beiden glaubt, zu viel gegen das Erhaltene eingetauscht zu haben. Das Vorgehen wird als unfair angesehen.

In früheren Zeiten wurde bei einem Handel/Tausch die Vereinbarung per Handschlag bekräftigt und war damit gültig.

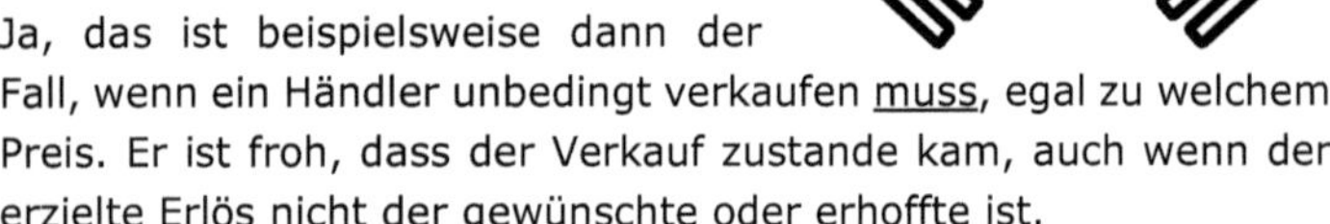

Beide waren dann mit dem Tausch (zum Beispiel Ware gegen Geld) einverstanden, auch wenn er nicht fair erschien. Einverstanden trotz Unfairness?

Ja, das ist beispielsweise dann der Fall, wenn ein Händler unbedingt verkaufen <u>muss</u>, egal zu welchem Preis. Er ist froh, dass der Verkauf zustande kam, auch wenn der erzielte Erlös nicht der gewünschte oder erhoffte ist.

Fairplay

Neben ‚fair' finden sich ‚unfair', ‚fairerweise' und ‚Fairness'.

Es wird von einem fairen Preis gesprochen, wenn dieser passend oder angemessen zum Angebotenen erscheint.

Das Angebot ist fair, wenn es anständig wirkt.

Es liegt eine faire Entscheidung vor, sobald sie von allen Beteiligten als gerecht betrachtet wird.

Im fair ausgeübten Sport wird ebenso mit Anstand mit dem sportlichen Gegner oder Wettbewerber umgegangen. Es wird vermieden, regelwidrig vorzugehen. Foulspiel, Beleidigung und so weiter unterbleiben. Eine ‚Notbremse' (beim Fußball das vorsätzliche Verhindern einer Torchance) unterbleibt.

Vor einem Wettkampf gehen die zwei beteiligten Sportler aufeinander zu.

- o „Auf einen fairen Wettstreit", sagt der eine.
- o „Auf dass es einen gerechten 1. Platz gibt", entgegnet der andere.

Wird der gegnerische Spieler als wertvoller Partner im Spiel angesehen – und so mit ihm umgegangen – dann kann von einem Fairplay und von Gerechtigkeit gesprochen werden.

Im vorliegenden Ratgeber soll gezeigt werden, in wie vielen Situationen ein unfaires Verhalten auftritt. Die Rhetorik – die Kunst des Redens – verschleiert manchmal dieses fragliche Vorgehen.

Weiter wird dargestellt, wie im beruflichen Leben und im gesellschaftlichen Miteinander Fairness untereinander ausgebaut und praktiziert werden kann. Kindness, Transparenz und Wertschätzung zählen dazu.

Erkennen Sie offenes und verstecktes unfaires Verhalten und sehen Sie, wie ein fairer Umgang möglich ist.

Guten Erfolg

Horst Hanisch

Szenario – Es war einmal …

Aus dem täglichen Leben

Es war einmal ...

> *„Das Märchen ist gleichsam der Kanon der Poesie.*
> *Alles Poetische muss märchenhaft sein.“*
> **Novalis (Georg Philipp Friedrich Freiherr von Hardenberg), dt. Lyriker**
> **(1772 - 1801)**

... eine gefühlt unfaire Bewertung

Ungläubig und mit aufgerissenen Augen starrt Emma auf die mit roter Farbe unter ihrem zurückerhaltenen Deutsch-Aufsatz angegebenen Note.

Sie hat 87 von 100 Punkten erzielt. Wieso so wenig?

Sie blickt auf die Benotung ihrer Freundin Anni, die neben ihr sitzt. 92 Punkte prangen dort mit gleich roter Schrift des Lehrers.

Fünf Punkte mehr! Dabei hatten beide gut miteinander geübt und einen gleichartigen Aufsatz geschrieben. Sie müssten die gleiche Punktzahl haben, ist sich Emma sicher.

- „Was ist?", fragt ihre Freundin, als sie Emmas aufkeimenden Unmut spürt.
- „Ich habe nur 87 Punkte", zischt Emma und knallt Anni das Heft vor ihr auf den Tisch.
- „Nur 87 Punkte? Wieso das denn?"
- „Wenn ich das wüsste! Das ist nicht gerecht!", regt sich Emma auf. Sie bringt in Erinnerung:
- „Wir haben ungefähr den gleichen Text. Dann müssten wir auch dieselbe Punktzahl haben."
- „Hast du Schreibfehler im Text?", fragt Anni nach.
- „Nein. Nicht viele. Nur 5 Schreibfehler", knurrt Emma.

Anni blättert ihre Unterlage durch.

- „Ich habe auch nur 5 Schreibfehler."

- o „Nach der Stunde gehe ich zum Schulze und beschwere mich."

- o „Meinst du, der Lehrer wird dir 5 Punkte einfach so dazugeben?"

- o „Na, das muss er doch. So ist das Ergebnis jedenfalls nicht fair. Das lasse ich mir nicht gefallen."

Leicht ungehalten und immer noch verärgert konfrontiert Emma nach der Stunde ihren Lehrer Schulze.

- o „Ich habe den gleichen Text wie Anni und genauso viele Fehler!", betont sie und pocht mit dem Zeigefinger auf das aufgeschlagene Heft.

Sie argumentiert weiter:

- o „Also müssen wir dieselbe Punktzahl bekommen!"

Unbeeindruckt und in ruhiger Stimme antwortet der Lehrer:

- o „Annis Text ist emotionaler geschrieben, das ist der Unterschied."

- o „Das ist doch egal", beharrt Emma. „Die Benotung ist unfair!"

Realität – Egoismus

Die egoistisch wirkende Realität

Ungerechtigkeit

„Euch zuliebe will ich tauschen
und will Euch das Schwein für die Kuh lassen."
Aus ‚Hans im Glück'
Wilhelm Hauff, dt. Schriftsteller
(1802 - 1827)

Fairness ist nicht gleichzusetzen mit Gerechtigkeit

Ein Neugeborenes kann alleingelassen nicht überleben. Es braucht idealerweise seine Mutter, um den unzähligen Widrigkeiten des Lebens widerstehen zu können.

Sein soziales Umfeld wie Familie, später Freunde, Kollegen und Kolleginnen und andere helfen, das eigene Selbstbewusstsein auszubauen und eine vernünftige Entwicklung und Entfaltung seiner Stärken zu ermöglichen.

Dass ältere Geschwister in den ersten Lebensjahren mehr zu essen bekommen als das Klein(st)kind ist nachvollziehbar. Kaum einer würde eine gleiche Menge an Essen erwarten oder gar von Unfairness sprechen.

Als heranwachsendes Kind, als Jugendlicher und später junger Erwachsener, wird der junge Mensch erkennen, dass im Leben bei weitem nicht alles fair verläuft, wie es erwartet werden könnte.

Das liegt unter anderem daran, dass das Individuum danach strebt, sein eigenes Leben zu erhalten.

Dazu gehört es, Vorteile zu finden, um eine bessere Chance der gesteckten Ziele zu erhalten und diese zu erzielen.

Die Erkenntnis, dass andere ebenso ihre Ziele erreichen wollen, diese aber – höchstwahrscheinlich – unterschiedlich zu den eigenen sein können, scheint nicht zu überraschen.

Es entsteht eine Art Wettrennen untereinander, das Bessere, das Schnellere, das Wertvollere als andere zu erhalten/erzielen.

So wird nach und nach dem/den eigenen Ziel/en nähergekommen. Außerdem steigt der Status in der Gesellschaft, oft gleichzeitig mit dem materiellen Erfolg.

Die Schere zwischen Arm und Reich vergrößert sich zunehmend zulasten des ärmeren Teils der Gesellschaft. Das ist alles andere als fair, oder?

Alpha-Männchen

Bei Tieren, die in sozialen Gruppen leben, ist zu erkennen, wie sich das Zusammenleben darstellt. Vergleichbares dürfte bei den menschlichen Vorfahren geschehen sein.

Diese Menschen lebten in überschaubaren Gruppen, die von einem ‚Alpha-Männchen‘ durch die Geschicke geleitet wurden.

Diese ‚Führungskraft‘ musste nicht nur körperlich stark gewesen sein, sondern auch mental gewisse Stärken gezeigt haben.

Immerhin sorgte dieser Mensch dafür, dass die Angehörigen der Gruppe versorgt und geschützt waren. Es wurde sichergestellt, dass sich die Gruppe vergrößern konnte.

Das war im Sinn der Angehörigen. Es ist nachvollziehbar, dass dadurch – fast automatisch – der Führungskraft bestimmte Rechte und Vorrechte zugesprochen wurden. Allein schon aus dem Grund, dass sie stark und gesund blieb, um den oben erwähnten Schutz und Sicherheit zu gewährleisten.

War es also fair, wenn diese Führungskraft beispielsweise das ‚bessere‘ Essen erhielt oder die ‚größere‘ Portion? Offensichtlich ja, wenn auch die Angehörigen der Gruppe unter Umständen mit einer kleineren Portion vorliebnehmen mussten.

Traf die Gruppe auf eine fremde oder eine benachbarte Gruppe, sollte die erkennen, wer die Führungskraft war. Das konnte unter anderem an der Körpersprache, am Auftreten oder am Verhalten der Angehörigen dem eigenen ‚Chef‘ gegenüber erkannt werden.

Im Lauf der Zeit erhielt der Chef sichtbare Merkmale, die seine Rolle in der Gruppe eindeutig erkennbar machte.

Zum Beispiel eine besondere Körperbemalung im Vergleich zu den anderen. Oder ein auffallender Schmuck, wie eine ins Auge fallende Kette, oder eine besondere Art von Haar-Schmuck, wie eine farbenprächtige und/oder seltene Feder.

Die Hierarchie der Gruppe wurde sichtbar. Das Ansehen stieg. Das Image war geprägt, der Status eindeutig.

Hierarchie akzeptieren

Zwischen den Vorfahren der Menschen und den heute die Erde Bevölkernden liegen mehrere zig tausend Jahre.

Am System der Hierarchien hat sich nichts geändert. Diese sind immer noch da, ausgeprägter als einst.

Die Gesellschaft hat sich offensichtlich damit abgefunden, dass es verschiedene hierarchische Stufen in der Gesellschaft gibt. Zumindest so lange es einigermaßen demokratisch (gr. ‚demos‘ für ‚Volk‘ und ‚kratos‘ für ‚Kraft‘, ‚Macht‘) zugeht.

Bei Diktaturen und vergleichbaren Staatsformen werden viele Bewohner Unfairness deutlich fühlen können/müssen.

Fairness

Mitte Januar 2024 ruft das öffentliche Nahverkehrssystem einiger Städte zur Fairness ihren Mitarbeitenden, vor allem den Kontrolleurinnen und Kontrolleuren, gegenüber auf.

Beleidigungen, Beschimpfungen und Übergriffe nehmen wohl zu und stellen die Beschäftigten vor problematische Situationen.

Obwohl sie nur Tickets checken, werden sie oft für Verspätung, Überfüllung oder Verschmutzung der Bahn oder des Busses verantwortlich gemacht. Das ist nicht fair, die Übergriffe sowieso nicht.

Es könnte doch für viele die hochgelobte Fairness im sportlichen Wettkampf auch in anderen Situationen praktiziert werden.

> o „Lasst uns wie anständige, wie zivilisierte Menschen miteinander umgehen", fordert mancher in Hinsicht kritisch aufbauender Situation.

Damit ist genau das faire Verhalten gemeint.

Gerechtigkeit

Im Wort ‚gerecht' versteckt sich das ‚Recht'. ‚Recht' wiederum kommt von ‚richtig'. Das, was die Gesellschaft in Gesetzen festhält, gilt als richtig und demnach als gerecht. Aus dem Wort ‚richtig' leitet sich ‚richten' ab. Wer den gesellschaftlichen Bräuchen, Regeln und Gesetzen entsprechend handelt, verhält sich richtig. Sein Handeln liegt aus Sicht der Gesellschaft im Recht.

Umgekehrt gilt als Unrecht Sträfliches, Verwerfliches, alles, was die Rechtsordnung verletzt.

Der Mensch wird sich – weil er im sozialen Umfeld akzeptiert sein will – den Umgangsformen, der gesellschaftlichen Erwartungshaltung und den gesetzlichen Regeln, den Sitten und Bräuchen entsprechend verhalten.

Trotzdem wird er hin und wieder mal die ‚Wahrheit beugen' (lügen). Hier und dort wird er etwas schummeln oder aufschneiden, beim Finanzamt ‚vergessen' eine Kleinigkeit anzumelden oder auch mal ‚aus Versehen' etwas schneller fahren als erlaubt.

Es lässt sich sagen, die Mehrheit der Menschen verhält sich so, dass im Fall des Falles Recht zugesprochen würde.

So dürfte es folglich kaum zu zwischenmenschlichen Differenzen oder Missstimmungen kommen. Alle Umgangsformen wären zur Zufriedenheit aller umgesetzt. Allerdings zeigt die Praxis auch viele Situationen, in denen es ungerecht zugeht.

Gerichtsbarkeit

Deshalb muss es eine unbeeinflusste und unbeeinflussbare, für Gerechtigkeit sorgende Instanz geben – das neutrale Gericht (Althochdeutsch ‚girihti' für ‚Gericht', ‚Urteil'). Die Gerichtsbarkeit wird symbolisiert durch die unbestechliche Justitia.

An vielen Gerichtsgebäuden ist Justitia, die Göttin der Gerechtigkeit als Skulptur oder Bild dargestellt. Die Göttin stammt aus der römischen Zeit.

Trotz ihres Alters trägt Justitia erst seit dem Mittelalter ein Schwert und eine Augenbinde. Statt des Richtschwerts hielt Justitia früher einen Ölzweig in der Hand, der für Frieden stand. In ihrer linken Hand hält sie eine Waage.

Die Waagschalen standen ursprünglich in waagrechter Ausrichtung zueinander, da Justitia niemanden bevorzugen oder benachteiligen wird. In späterer Zeit sind die Waagen unausgeglichen. Das zeigt das unausgewogene Recht, also das Unrecht, das es zu beseitigen gilt.

Die Augenbinde steht für Gerechtigkeit ohne Ansehen der Person. Vor Gericht sollen alle gleich sein, unabhängig von Alter, Geschlecht, Herkunft, Status und so weiter.

Das Richtschwert symbolisiert die Durchsetzungskraft der getroffenen Entscheidung. Wurde Recht ohne Ansehen der Person und nach ausgewogener Lage gesprochen, wurde das Recht gegebenenfalls mit ausdrucksvoller Stärke, nämlich mithilfe des Richtschwerts, umgesetzt.

Der griechische Philosoph Plato(n) (428/427 – 348/347 v. Chr.) schlug vor:

     o „Suum cuique tribuere für ‚Jedem das Seine'."

Veritas et Aequitas

Veritas ist die Wahrheit. Aequitas (lat. für ‚Gleichheit') bedeutete im römischen Recht die ausgleichende Gerechtigkeit. Auf römischen Münzen als Person dargestellt, ähnelt sie Justitia.

Auch sie hält eine Waagschale in der Hand und in der anderen ein Füllhorn und ein Zepter. ‚Veritas et Aequitas' steht für ‚Wahrheit und Gleichheit'.

Rechtsempfinden – Im Zweifel für den Angeklagten

Es wird erwartet, dass der Richter fair und neutral entscheidet. Das gefällte Urteil soll den Gesetzen entsprechen. Es soll gerecht sein.

Trotz aller guten Absichten und neutralen Betrachtungen, die Gerechtigkeit zu finden, gelingt es manchmal den gewieftesten Juristen nicht, die Wahrheit eindeutig zu finden.

Sie können das Recht beziehungsweise das Unrecht nicht zweifellos beweisen (Recht und Unrecht lassen sich auf der Waage nicht eindeutig auswiegen).

Damit niemand zu Unrecht verurteilt wird, gilt der Spruch

o „In dubio pro reo für ‚Im Zweifel für den Angeklagten'."

So kann es geschehen, dass ein Täter nicht verurteilt wird, weil die Beweise nicht ausreichen. Die Tat wird nicht gesühnt. Der Täter kommt ungestraft davon. Das wird dem Kläger nicht gefallen, gegebenenfalls wird er erbittert um sein Recht kämpfen. Er fühlt sich ungerecht behandelt.

Schon ist das Wort ‚Kampf' im Sprachgebrauch. Die Auseinandersetzung wird härter, die nächst höhere Gerichtsinstanz wird eingeschaltet.

Faire und gerechte Erbschaft

Die Gebrüder Grimm (Jacob Ludwig Karl, 1785 – 1863 und Wilhelm Carl, 1786 – 1859) überlieferten das Märchen ‚Die drei Glückskinder'.

Ein sterbender, armer Vater vermachte seinen drei Söhnen Folgendes: Der erste Sohn erhält einen Hahn, der zweite eine Sense und der dritte eine Katze. Jeder soll damit in ein Gebiet ziehen, in dem diese Gegenstände unbekannt sind. War das erben-gerecht verteilt?

Alle drei finden einen entlegenen Ort, an dem weder Hähne, Sensen oder Katzen existierten. Sie können ihr Erbe gegen reichlich Gold eintauschen und kehren mit dem gewonnenen Reichtum zurück. Jeder konnte seinen Erbanteil gegen viel Geld/Gold eintauschen.

Ein gerechtes Erbe?

Gleiche Voraussetzungen für die Erben?

Sterben wohlhabende Eltern, hinterlassen sie dem Nachwuchs Immobilien, Wertgegenstände, Edelmetalle, Geld und anderes Wertvolles mehr. Sie ermöglichen den Erben ein materiell sorgenfreies Leben.

In ärmlichen Verhältnissen lebenden Familien ist unter Umständen sogar ungeklärt, wie die Beerdigung der Eltern finanziert werden soll. Zu den sowieso bestehenden Sorgen kommen nun noch die finanziellen.

Ist es fair, dass der reichlich Erbende sein Vermögen locker und mit wenig Aufwand vergrößern kann – der am Existenzminimum Lebende hingegen nicht?

Stimmt die Behauptung, jeder habe im Leben die gleichen Voraussetzungen?

Laut Grundgesetz sind alle Menschen vor dem Gesetz gleich. Sind sie mit ihren naturgegebenen Eigenschaften gleichwertig? Nein, das Schicksal bestimmt, in welche Umgebung und in welche Familie jemand hineingeboren wird.

Der eine landet in einer wohlhabenden und wohlsorgenden Familie, dem anderen ergeht es vergleichsweise schlecht.

Sind das faire Voraussetzungen für beide?

Fairness durch uneigennützige Hilfe

Ein arabisches Märchen erzählt von einem Mann, der seine Habe an seine drei Söhne verteilt. Der Älteste soll die Hälfte seiner Kamele erhalten. Der Zweitgeborene die Hälfte der übrig gebliebenen Kamele und der Drittgeborene die Hälfte der restlichen Kamele.

Nach dem Tod des Vaters gingen die drei Brüder in den Stall. Sie fanden sieben Kamele vor, die sie nicht nach den Vorgaben aufteilen konnten. Da sie sich nicht einigen konnten, fingen sie an zu streiten.

Eine zufällig des Weges kommende weise Person lieh ihnen zur Lösung der Erbschaft-Aufteilung sein Kamel. Nun gab es acht Kamele.

Die Kamele konnten jetzt den Vorgaben des Vaters entsprechend aufgeteilt werden und das übrig gebliebene Kamel gaben sie dem weisen Menschen dankbar zurück.

Ist das, wie der Vater sein Erbe verteilt, fair? Der Erstgeborene scheint bevorteilt, der Letztgeborene hat das Nachsehen. Immerhin erhält der Älteste vier Kamele, der jüngste Bruder nur eines.

Bekanntlich gibt es beim Verteilen des Erbes immer mal wieder böses Blut unter den Begünstigten. Und das, obwohl der Erblasser es (meist) gerecht meinte.

Altruismus vor Egoismus

Dieses Märchen zeigt schön, dass durch uneigennützige Unterstützung ein faires Ergebnis erzielt werden kann. Nun, es ist ein Märchen und der Vorgang des geliehenen Kamels fast als altruistisch (gleich Gegenteil zu egoistisch) zu betrachten.

Wo tritt Altruismus in der Geschäftswelt auf? Steht doch die Gewinnmaximierung im Vordergrund.

Fast alles, was getan wird, soll dem eigenen Vorteil dienen. Freundliches Handeln schließt den angestrebten Gewinn nicht aus.

Altruistisches Verhalten könnte angenommen werden, wenn ein Politiker, eine Gruppierung oder gar ein Staat die Vermittlung zweier Kontrahenten oder Kriegsparteien anbietet.

Im ersten Moment scheint der Vermittler keine Vorteile zu erzielen. Vielleicht aber doch, da sein Image – aufgrund der angebotenen Vermittlung – steigt. Oder er erwartet zukünftige (Handels-)Beziehungen mit einer der beiden Parteien, oder mit beiden.

Wie dem auch tatsächlich ist und welche Beweggründe im Hintergrund verborgen sind, ist zuerst einmal für Außenstehende belanglos.

Sobald sie dem Vermittler Altruismus unterstellen, erhält er die Zustimmung Dritter.

Tatsächlich könnte jeder Einzelne, wenn er denn will, auch hier und dort altruistisch vorgehen. Etwas tun oder geben, ohne auf eine Gegenleistung zu hoffen. Einfach so.

Gerechtes Aufteilung des Erbes?

Julia behauptet ihrer Schwester Sophie gegenüber:

- o „Ich bekomme die Porzellanvase. Die hat mir Mutter fest versprochen."

- o „Dann will ich das Gemälde mit dem Rennpferd. Das gefiel mir schon seit meiner Kindheit gut", äußert Sophie.
- o „Stopp, Stopp!", ruft Julia aus. „Das Gemälde ist viel mehr wert als die Vase."
- o „Dann nimm das blöde Teegeschirr dazu", wirft Sophie trotzig ein.
- o „Was soll ich mit dem alten Teegeschirr?", entgegnet Julia gereizt. Sie fügt hinzu: „Dann eher den Tortenheber."
- o „Meinst du etwa den aus Silber?", fragt Sophie ungläubig. Sie regt sich weiter auf: „Ganz sicher nicht! Den kriegst du auf keinen Fall!"

Ob sich die Schwestern einig werden? Finden sie eine Lösung, die beide als ‚gerecht‘ einstufen werden?

Geteiltes Hab?

Manche Eltern versuchen vor ihrem Ableben ihr Hab und Gut ‚gerecht‘ zuzuordnen.

- o „Unsere Tochter erhält den Esstisch und die Stühle, unser Sohn das Buffet und den Beistelltisch."
- o „Unserer Tochter haben wir damals finanziell unter die Arme gegriffen, als sie sich selbstständig machte. Dafür erhält unser Sohn das Haus."
- o „Jede unserer drei Töchter erhält ein Drittel unseres zwölfteiligen Hochzeit-Geschirrs."

Das mag gerecht sein. Ob es sinnvoll ist? Löst die Zuteilung später keinen Streit aus?

- o „Was bringen wir unseren drei Enkeln beim Besuch bei unserer Tochter am Sonntag mit?", fragt Oma Hilde ihren Ehemann.
- o „Nun, das ist schwierig", murmelt Opa Josef. Er schlägt vor: „Dem Jüngsten ein Spielzeug für den Spielplatz. Dem Mittleren einen Satz Farbstifte. Dem Ältesten etwas für den Computer."

o „Also Bargeld für den Ältesten?"

o „Ja, oder was meinst du? Soll ja schließlich für jeden gerecht sein."

Die Oma und der Opa des Sohns schenken allen drei Kindern lieber etwas Bargeld.

o „… damit sie sich was Schönes kaufen können."

Der Älteste bekommt 15 Euro, der Mittlere 10 Euro und der Jüngste 5 Euro.

Kinder entwickeln schnell ihren Gerechtigkeitssinn. Sie werden bald beurteilen, ob – ihrer Meinung nach – die Geschenke gerecht verteilt wurden.

Unfairness

Ausgrenzung

Nicht beachtet werden

Wird jemand in seinem Umfeld nicht fair behandelt, fühlt er/sie sich höchstwahrscheinlich ungerecht behandelt. Es entsteht das Gefühl ausgegrenzt zu werden.

Fühlt sich die Person benachteiligt, steigt das Gefühl der sinkenden Wertschätzung. Personen mit schwach ausgeprägtem Selbstbewusstsein fangen unter anderem an, an ihrer Persönlichkeit zu zweifeln.

Dieser Zweifel wiederum führt zur Situation der Ungewissheit, zur kritischen Betrachtung des eigenen Auftretens bis hin zu möglichen Anzeichen einer denkbaren Depression.

Dieses Gefühl der ‚Unwertigkeit‘ vermittelt, dass alle anderen besser miteinander harmonieren als die Person selbst. Sie fühlt sich herabgesetzt und ausgegrenzt.

Beim intensiven Austausch in einer WhatsApp Gruppe kann die Person zwar nach wie vor alle Beiträge lesen und eigene posten. Sie würde aber immer weniger Rückmeldungen erhalten. Kommentare zu ihren Beiträgen würden immer dürftiger.

Ignorieren

In der Schule, an der Universität oder am Arbeitsplatz verabreden sich die anderen zur gemeinsamen Mittagspause oder klären ab, was sie dann zusammen erledigen wollen.

Die Person kann zwar teilnehmen, würde aber im Vorfeld nicht gezielt befragt. Ihre Meinung scheint keine Rolle mehr zu spielen.

Unter Umständen könnte es so weit kommen, dass ‚vergessen' würde, die Person zu informieren. Sie bleibt allein zurück. Ein Gefühl der Einsamkeit stellt sich ein.

Im beruflichen Umfeld könnte solch ein Verhalten unter Umständen bereits als Mobbing betrachtet werden.

> o „Ach, wusstest du nicht, dass der Beginn des Meetings eine Stunde nach vorn verschoben wurde?"

Im Unterricht reagiert der Lehrer auf die Meldungen der betreffenden Person nicht. Anfangs könnte das als ein ‚Übersehen' gedeutet werden. Bald wird aber klar, dass das Aufzeigen der Person bewusst ignoriert wird.

Jegliches unfaire Verhalten lässt sich mit technischen Schwierigkeiten, Unachtsamkeit, Versehen oder Vertun, Stress, Unwissen und anderen Entschuldigungen abtun.

In Diskussionen würden Beiträge der Person unkommentiert stehenbleiben oder mit manchmal sogar beleidigend wirkenden Floskeln abgetan:

> o „Ist interessant."
>
> o „Ja, wo's hinpasst."
>
> o „Darüber sprechen wir ein anderes Mal."

Fair ist es trotzdem nicht.

Fehlende Beachtung

Auch im gesellschaftlichen Umgang kommt es zu Ausgrenzungen. Manchmal gewollt, manchmal ‚unbedarft', oder es ‚ergibt sich einfach so'.

Wann wurde mit der älteren Nachbarin aus dem Erdgeschoss das letzte Mal ein kleiner Austausch geführt? Wurde ernsthaft nach ihrem Befinden gefragt oder sogar Hilfe, zum Beispiel bei Besorgungen, angeboten?

Gibt es eine soziale, emphatische Hausgemeinschaft? Oder wird jemand übersehen? Wie mag sich diese Person fühlen? Vielleicht ausgegrenzt?

Die Mehrheit entscheidet

In demokratisch geführten und gelebten Gesellschaften entscheidet in der Regel die Mehrheit der Bevölkerung, ‚wo es lang geht'. Sei es durch gesetzliche Vorgaben, durch politische Entscheidungen der gewählten Volksvertreter, durch die Wertvorstellungen der Gesellschaft.

Was ist mit der beziehungsweise den Minderheiten? Werden deren Belange gehört, deren Wünsche umgesetzt? Oder unterliegen sie als Minderheit der Mehrheit?

Nur, weil jemand eine andere Meinung hat als die, die die Mehrheit vertritt, muss diese nicht unbedingt falsch oder unklug sein.

Um ein gewisses Maß an Fairness zu bieten, müssten zumindest die Belange der Minderheit angehört werden. Weiter könnten/sollten sie seriös besprochen werden. Vor- und Nachteile könnten erläutert werden, um dann gemeinsam eine allgemeingültige – und gerechte – Entscheidung zu treffen.

Klein gegen Groß

Übertragen lässt sich der Gedanke auf den Kampf zwischen David und Goliath. Damit ist gemeint, dass der ‚Kleine' gegen den ‚Großen' in einem Rechtsstaat gewinnen kann. Der kleine mutige David tritt im Zweikampf gegen den riesigen bewaffneten Goliath. Ein einziger Stein aus seiner Steinschleuder genügte, um Goliath zu niederzustrecken.

Der ‚kleine Mann' klagt gegen eine Entscheidung des ‚großen Unternehmens' oder des Staats – und gewinnt. Der Schwache kann gegen den Starken antreten und sein Recht erstreiten. Dann liegt Gerechtigkeit vor.

Das ist ein faires System, sodass der Machtvolle nicht aufgrund seines Einflusses bestimmt, was gelten soll.

Es ist richtig, dass der Machtvolle oft aufgrund eben dieser Macht Einfluss auf die Politik und Wirtschaft nehmen kann. In einem gerechten Gesellschaftssystem muss er trotzdem den Regeln folgen. Ob das immer gelingt?

Benachteiligung

*„Nur das Märchen nimmt einen
sich gleichbleibenden Zustand für Glück."*
Jacob Christoph Burkhardt, schweiz. Humanist
(1818 - 1897)

Seniorität und Anciennität

Der kleine Klaus steht vor der Brottheke. Er darf sich ein Gebäckstück seiner Wahl kaufen. Die ältere Kundin interessiert das wohl nicht. Sie drängelt sich einfach vor.

Gilt hier das sogenannte Senioritäts-Prinzip (lat. ‚senior' für ‚der Ältere')? Es sagt aus, dass jemand allein aufgrund seines Alters einen gewissen Vorrang genießen darf.

Gibt es eine Rangordnung aufgrund des Lebensalters? Ist dem Älteren immer Vorrang einzurichten, der gegebenenfalls auch zum Nachteil des Jüngeren führt?

Selbstverständlich ist es nicht nur nach den geltenden Umgangsformen richtig, dass dem Älteren, beispielsweise im vollbesetzten Bus, ein Sitzplatz angeboten wird.

Es ist korrekt, dass dem Älteren mehr Geduld am Schalter entgegengebracht wird, wenn er dem Anschein nach etwas umständlich in seinen Unterlagen sucht oder seine Erklärungen abgibt.

Wer weiß, welche Erlebnisse der Ältere in seinem Leben bewältigt hat. Wer weiß, welche Sorgen oder Krankheiten ihn jetzt plagen.

Natürlich schließt das nicht aus, dem älteren Menschen Hilfestellung in bestimmten Situationen anzubieten.

All das und viel mehr sollte sich fast von selbst verstehen. Allerdings räumt es der älteren Kundin beim Bäcker nicht automatisch das Recht des Vordrängelns ein.

Ähnliches gilt für das Anciennitäts-Prinzip. Es spricht dem Vorrang zu, der am längsten einer Gruppe angehört. Danach steht zum Beispiel dem Dienstältesten aufgrund seines Dienstalters eine Beförderung zu. Der Dienstälteste genießt Vorrang vor dem Dienstjüngeren.

Das Alter oder die langjährige Zugehörigkeit darf gewürdigt werden. Es dürfen Vorzug-Behandlungen erfolgen. Aber nicht, in dem andere benachteiligt werden. Das wäre nicht fair.

Gender-Pay-Gap

Immer noch aktuell (Drucklegung dieses Ratgebers) gibt es in vielen Unternehmen einen deutlichen Unterschied bei der Bezahlung von Frau und Mann.

Wird die Frau bei gleicher Vorbildung und angestrebter Tätigkeit weniger gut entlohnt, liegt ein sogenannter Gender-Pay-Gap vor. Er steht für eine Bezahllücke zwischen den Geschlechtern.

Der Begriff folgt dem so bezeichneten Gendergap (auch Genderlücke), der generellen Geschlechterungleichheit.

Zu dieser Gruppe gehört der Gender-Care-Gap, der sich auf unbezahlte Sorgetätigkeit (beispielsweise Pflege der Eltern) bezieht.

Durch solche Unterschiede können (materielle) Nachteile entstehen, die nicht nur die Lebensqualität beeinträchtigen können, sondern auch die spätere Rente.

Es finden sich viele Erklärungen, die auf der gesellschaftlichen Entwicklung in der Vergangenheit beruhen, weshalb es Unterschiede bei der Bezahlung gibt. Trotzdem gelten die Nachteile als ungerecht, sprich als unfair.

Benachteiligungen aller Art sind sowieso nicht fair. Können oder sollen Benachteiligungen nicht abgewendet werden, liegt sowieso Unfairness vor.

Dasselbe gilt, wenn Verantwortliche die Augen vor dieser Benachteiligung schließen oder gegebenenfalls sogar befürworten.

Gewünschte Unterschiede

Der Wunsch nach gleicher Entlohnung und fairer Behandlung der Geschlechter ist für viele erstrebenswert.

Trotzdem sind geschlechtliche Unterschiede nicht nur vorhanden, sondern auch gewünscht.

Aus den Unterschieden zwischen Frau und Mann, leiten sich unglaublich viele Regeln zu den Umgangsformen ab.

Seit Ewigkeiten wird überlegt und festgelegt, ob Frau oder Mann zuerst begrüßt wird (Frau), wer rechts und links nebeneinander geht (in Blickrichtung der Herr links), wer bei Engpässen vorgeht (Frau) und so weiter und so weiter.

Diese Unterschiede im gesellschaftlichen und beruflichen Umgang zeigen Achtung vor dem anderen und helfen, dass zwischenmenschliche Miteinander zu regeln. Niemand soll sich übergangen fühlen oder nicht seinem Rang entsprechend behandelt werden.

Der professionell richtige und menschlich faire Umgang sind erwartet. Eben genau so, wie es …

- o   „… bei zivilisierten Menschen üblich ist."

Unangemessenheit

Unausgewogen

Eine Fahrt mit der U-Bahn auf der Strecke von A nach B für 3 bis 4 Euro mag angemessen sein.

Ein monatliches Gehalt von 100.000 € pro Monat (!) scheint vielen fragwürdig. Eine monatliche Vergütung von 1.000.000 € ist für die meisten Menschen in hiesiger Kultur unangemessen.

Und doch gibt es in Europa solche Spitzenverdiener. Gilt deren Vergütung noch als angemessen? Gerade dann, wenn die Supermarktkassiererin zum Vergleich herangezogen wird, zeigt sich die kaum vorstellbare Spaltung des Verdienstes.

Dann wird schnell die Verantwortung argumentativ hervorgehoben, die der Top-Manager (angeblich) trage.

Dabei soll nicht vergessen werden, dass dem Top-Verdiener oft weitere Leistungen zur Verfügung gestellt werden (Limousine, Fahrer, Verpflegung, Boni und so weiter).

Selbstverständlich soll jeder gut verdienen können. Eine herausragende Leistung verdient bestimmt eine Sonderzahlung. Unter bestimmten Voraussetzungen kann auch eine deutlich höhere Bezahlung angemessen sein.

Trotzdem sollte die Relation zu anderen Einkünften stimmen, um dem Ansatz der Fairness zu genügen.

Stehen ‚Angebot und Nachfrage' im ausgewogenen Verhältnis zueinander, wird von Angemessenheit gesprochen.

Angebot und Nachfrage

In einem kapitalistisch orientierten System wie dem hiesigen kann und darf jeder so viel verdienen, wie er erreichen kann.

   o „Jeder ist seines materiellen Glückes Schmied."

Diese abgewandelte Redewendung zeigt, dass jeder selbst dafür sorgen kann, glücklich zu sein. Jeder kann seinen materiellen Vorteil erreichen, zum Beispiel bei geschickter Verhandlung im Bewerbungsgespräch.

Tatsächlich ist das aber doch nicht für jeden uneingeschränkt möglich. Aufgrund der oben erwähnten Konstellation des Angebots und der Nachfrage bietet der eine oder andere seine Leistung für einen zu schwachen Lohn an. Er akzeptiert die Konditionen, da alternativ nur die Arbeitslosigkeit bliebe.

So kommt es, dass in hiesigem Land mehr als der eine oder andere, nämlich viele, sich mit unangemessener Gegenleistung zur geleisteten Arbeit abfinden müssen.

   o „Wir würden gerne mehr bezahlen. Aber am Ende müssten die Preise für die Konsumenten steigen. Das wollen wir natürlich nicht."

So lautet manchmal die Erklärung für eine nicht angemessene Entlohnung.

Das angemessene Geschenk

Anita stöhnt.

   o „Nicht schon wieder eine Einladung zu einer Hochzeit."

   o „Warum denn nicht? Hochzeiten sind doch schön", wundert sich die Freundin.

   o „Das schon", stimmte sie zu. „Aber weißt du, wie viel jedes Mal ein angemessenes Geschenk kostet?"

   o „Ja, klar. Aber die Hochzeit ist einmalig. Zumindest ist es so geplant", kichert die Freundin.

Anita ergänzt:

   o „Das ist schon die dritte Einladung in diesem Jahr. Viele unserer Freunde sind im heiratsfähigen Alter."

   o „Nun, das ist nun mal so."

o „Neben dem Geschenk kommen noch die Fahrtkosten und eventuell auch eine Übernachtung dazu. Wir können uns das bald nicht mehr leisten."

o „Das wäre mehr als schade."

Ein anderer Fall: Eine Mutter erzählte über die Wahl von Geschenken für Kindergeburtstage. Ihre lebhafte Tochter Pia, sieben Jahre alt, hatte viele Freundinnen im selben Alter.

Die wurden natürlich alle zum Geburtstag eingeladen. Unverhofft kamen zehn junge, fröhliche Mädchen zusammen.

In den nächsten Monaten feierten die Freundinnen den eigenen Geburtstag. Eine Einladung folgte der nächsten; und das fast jeden Monat. Die Wünsche der Mädchen nach ihren Geschenken waren oft eindeutig und unmissverständlich.

Die Mutter machte sich mit ihrer Tochter auf den Weg ins Spielwarengeschäft, um das gewünschte Präsent zu erstehen. Sie staunte nicht schlecht, als ihr bewusst wurde, welche Preise zu entrichten waren. Solche Ausgaben sollten fast jeden Monat anfallen?

Nun, das Geschenk musste dem Wert der Geschenke der anderen Freundinnen ähnlich sein. Niemand sollte bloßgestellt werden.

Die Mutter war nicht mehr gewillt, so viel Geld für die Geschenke der Freundinnen (nur dieser einen Tochter – denn sie hatte noch eine zweite Tochter) auszugeben. Sie fand das nicht mehr angemessen.

Sie sprach sich mit den anderen Müttern über das Thema aus. Tatsächlich einigten sich alle Mütter auf einen vernünftigen – angemessenen – Höchstbetrag, den ein Geschenk in Zukunft nicht mehr überschreiten sollte. Alle hielten sich daran. Gut gelaufen – und fair, da alle mitmachten.

Ausgewogenheit selbst herstellen

Der kleine Muck (Wilhelm Hauff, deutscher Schriftsteller, 1802 – 1827) war körperlich missgebildet. Mit einem Paar entwendeter Pantoffeln und einem Spazierstock verlässt er seine erste Dienstgeberin, da diese ihm den Lohn verweigert.

Muck stellt fest, dass er mit den Pantoffeln in Nullkommanix an einen anderen Ort gelangt. Der Stock weist ihn auf vergrabene Schätze hin.

Muck sah Pantoffeln und Stock als fairen Ausgleich zum verweigerten Lohn. Nichts fairer als das, meinte er.

Der Diebstahl soll die Fairness der gebrachten Leistung herstellen. Ist der Diebstahl fair, wenn der Lohn nicht entrichtet wurde?

Und weiter: Gelten die fantastischen Möglichkeiten der entwendeten Gegenstände auch als gerechter Ausgleich für seine körperliche Missbildung? Soll eine Gerechtigkeit hergestellt werden?

Übrigens: Neider seines vermeintlichen Glücks werfen Muck im Lauf des Märchens aus dem Land. Neid untergräbt Fairness und Gerechtigkeit.

Vorurteile

Vorab-Verurteilung

Wird ein Urteil verkündet, werden alle Pros und Contras angehört. Vor- und Nachteile werden gegeneinander abgewägt. Möglichst gerecht soll nun die Entscheidung getroffen werden. Ein Urteil ist gefällt.

Wird von einem Vorurteil gesprochen, wurden Entscheidungen vor der gewissenhaften Abwägung aller Kriterien, die für oder gegen das Diskutierte sprechen, getroffen.

Das Urteil wurde <u>vor</u> die Überlegungen gesetzt. Es stützt sich auf bisherige Erfahrungswerte oder auf dem, was die Gesellschaft diesbezüglich kommuniziert.

Es entsteht eine Vor-Verurteilung.

Jedes Erlebnis, das eine Person im Lauf ihres Lebens macht, prägt das Individuum. Die Erfahrungen, die mit einem anderen Menschen gemacht wurden, werden auf wieder andere Menschen vergleichbaren Auftretens oder Erscheinungsbilds übertragen.

Das gilt auch für das Herkunftsland. So entstehen Stereotypen (klischeehaftes Bild von Menschen oder Menschengruppen).

- „Alle Deutschen tragen Lederhosen.“

Diese vorgefasste Meinung beeinflusst nachvollziehbarerweise die Haltung zu einer anderen Person – egal ob mit sympathischer Einstellung oder mit Antipathie.

Solcher Art Vorurteile mögen ein Gefühl der Sicherheit vermitteln. Es schützt den Einzelnen – möglicherweise – vor gefährlichen Situationen.

Die Vorverurteilungen führen allerdings zur mangelnden Wertschätzung, zu Verlust des Respekts untereinander, zu Mobbing, Angriffen, Ausgrenzungen.

Falsche Schublade

So kann es passieren, dass ‚Unschuldige' in die ‚falsche Schublade' geraten.

Wurde jemand ‚falsch' abgelegt, wird er ungern wieder aus dieser Schublade herausgelassen. Befindet er sich in der ‚Antipathie-Schublade', hat er in der Regel keine oder kaum eine Chance, seine positiven Werte zu zeigen.

Das Vor-Urteil wurde ja bereits gefällt und als ‚richtige Entscheidung' gespeichert.

Der Urteilende müsste sich überzeugen lassen, um dem anderen eine Chance einzuräumen. Das wäre eine faire Vorgehensweise.

Es liegt natürlich an jedem selbst, vorsichtig mit Vorurteilen umzugehen. Denkbar wäre, jedem ‚erst einmal' die Möglichkeit zu geben, sich entfalten zu können, bevor eine Wertung abgegeben wird.

Vielleicht könnte das als fairer Weg betrachtet werden.

Unter Umständen lassen sich sogar Vorurteile abbauen und mehr Vertrauen aufbauen. Das könnte helfen, mehr Fairness im gesellschaftlichen Miteinander entstehen zu lassen.

Vorurteile abbauen

Die Einwohner vom Dorf Niederflüsschen bilden eine gute Gemeinschaft. Jeder kennt jeden. Sie helfen einander. Sie sind in vielen Vereinen ‚vereint'.

Soweit sie zurückdenken können, bilden sie eine Art verschworene Gemeinschaft, die sich gut nach außen schützt.

Da gibt es zum Beispiel das benachbarte Dorf Oberflüsschen, nicht weit entfernt.

> o „Die sind arrogant."
>
> o „Die wollen nur unsere hübschen Frauen haben."
>
> o „Die gehen in der Stadt grußlos an uns bei."

Das sind nur drei Aussagen von vielen, die in dieselbe Richtung gehen.

o „Mit denen wollen wir nichts zu tun haben."

o „Die gehören nicht zu uns."

o „Die müssen aufpassen, dass wir sie nicht mal zwischen die Finger kriegen."

Gerade die letzte Aussage klingt bedrohlich. Sie lässt eine Drohung erkennen. Eigenartig, dass es zu dieser Aversion gegen die Bewohner des anderen Dorfs kommt. Sind die anderen wirklich so übel, wie ihnen nachgesagt wird? Und das schon seit Generationen?

Höchstwahrscheinlich denken die Einwohner von Oberflüsschen genauso über die aus Niederflüsschen. Aus ihrer Sicht sind die anderen ‚blöd‘.

Vorurteile prägen das Misstrauen seit Generationen.

Im beispielhaft beschriebenen Fall handelt es sich um zwei Dörfer. Es könnten auch zwei rivalisierende Städte sein, die diese Art Aversion gegeneinander hegen und pflegen. In der Praxis ist immer wieder von ‚West‘ und ‚Ost‘ zu hören. Von ‚die da oben‘ und ‚wir hier unten‘.

o „Der gehört einer anderen Religion an."

o „Der kommt aus dem Ausland."

o „Der hat eine komische sexuelle Einstellung."

Und:

o „Die haben den Schuss nicht gehört."

o „Die sind doch nicht normal."

o „Die machen sich nicht die Mühe, uns zu verstehen."

Ja, gut. Ist das jeweils ein Grund, dass der andere ein schlechterer Mensch ist oder etwas Böses will? Vorteile aufgrund der sexuellen Ausprägung, der Religion, der politischen Anschauung, des Status‘, der Bildung, der Herkunft und so weiter tragen teilweise zu handgreiflichen Auseinandersetzungen bis hin zu Kriegen bei, die Tausende Menschen das Leben kosten.

Ist das nicht unvernünftig?

Der aufgeschlossene Mensch lässt sich auf aufpeitschende Märchen wie diese nicht ein. Er will diesbezügliche Gerüchte und Verleumdungen gar nicht hören.

Selbst wenn ein System korrupt oder böswillig erscheint, muss dieses Verhalten nicht auf jeden Einzelnen übertragen werden.

Statt einer dauerhaften Abwehrhaltung lieber die Bereiche suchen, die eine Annäherung ermöglichen.

Die Geschichte zeigt, dass selbst Kulturen, die sich in feindlichen Kriegen gegenüberstanden, mittlerweile freundlich, friedlich und zusammenarbeitend vorgehen.

o „Wo ein Wille ist, ist auch ein Weg."

Der Weg, Vorurteile abzubauen. Der Weg, gerecht zu sein und fair zu handeln.

Unehrlichkeit

Lügen bringt Erfolg?

In ‚Rotkäppchen' (Gebrüder Grimm) klopft der Wolf an Großmutters Haustür:

- o „Wer ist draußen?", fragt die Großmutter.
- o „Rotkäppchen, das bringt Kuchen und Wein, mach auf!", lügt der Wolf.
- o „Drück nur auf die Klinke!", ruft die Großmutter.

Eine folgenschwere Aufforderung! Springt der Wolf doch in Großmutters Haus und verschlingt sie gierig.

Das Märchen zeigt deutlich, dass die Lüge dem Wolf einen Vorteil verschafft. Soll die Moral des Märchens sein, zu lügen, um ein vorteilhaftes Leben zu erreichen? Nein, sicher nicht.

Bedauerlicherweise ist der Mensch umgeben von Schwindeleien, Schummeleien, Ausreden, Notlügen, Lügen und vielem Vergleichbaren mehr.

In aktueller Zeit wird ständig von Fake News gesprochen. Die Künstliche Intelligenz (KI) hilft dabei, Fantasie-Bilder, -Audios und -Videos in kürzester Zeit zu erstellen. Anderen werden falsche Texte in den Mund gelegt, wobei die Videos täuschend echt wirken. Es wird immer schwieriger, Lüge und Wahrheit zu unterscheiden.

Es könnte der Eindruck entstehen, das Zusammenleben würde durch Unehrlichkeit zusammengehalten.

Andererseits entkrampft manche Notlüge eine peinliche oder unangenehme Situation. Sie hilft dabei, niemanden bloßzustellen. Ist das nicht fair?

Hintergehen?

- o „Lassen Sie uns offen miteinander reden", fordert der Vorgesetzte den Mitarbeiter auf.

Folgt der Mitarbeiter diesem Vorschlag, offenbart er möglicherweise tiefliegende Gedanken oder für den Vorgesetzten unbequeme Hinweise.

Dadurch begibt sich der Mitarbeiter ‚in die Hand' des Vorgesetzten. Weshalb? Weil dieser nun konkrete(re) Information als vorher hat, die er gegebenenfalls gegen den Mitarbeiter verwenden könnte.

Die Aufforderung zum offenen Gespräch heißt nicht zwangsläufig, dass vertrauensvoll im Anschluss des Gesprächs mit den erhaltenen Informationen miteinander umgegangen wird.

Schwindeln wegen der Fairness?

Der Gesprächspartner sagt:

- „Wir werden über Ihr Angebot nachdenken."

Wird er tatsächlich nachdenken oder wurde eine Absage rhetorisch verharmlost?

Der Politiker gibt bekannt:

- „Wir müssen das Wahlergebnis analysieren."

Ja, es wird von ‚müssen' gesprochen. Wird auch dementsprechend gehandelt? Was geschieht nach der möglichen Analyse? Wird das Ergebnis in der Schublade abgelegt oder folgt eine Handlung?

Die Mutter beruhigt die junge Tochter:

- „Noch dreimal schlafen. Dann kommt der Nikolaus."

Aha.

Sollte etwas ehrlicher miteinander umgegangen werden, um sich der Fairness zu nähern?

Ist es zu optimistisch oder schon utopisch, von einem ehrlichen Miteinander zu träumen?

Klar, es gibt Situationen, in denen Ehrlichkeit jemandem Schaden oder jemanden beleidigen könnte. Diese Konstellationen lassen sich der Fairness halber vorsichtig umschiffen.

Also kann Unehrlichkeit gegebenenfalls zur Fairness beitragen?

Verbale Attacke

Rhetorischer Angriff

Bereits das Wort ‚Attacke' drückt aus, dass offensichtlich ein Angriff vorliegt. Glücklicherweise steht das Eigenschaftswort ‚verbale' vor der Attacke. Der Angriff erfolgt demnach im Bereich des gesprochenen Wortes.

In Gesprächen ist immer wieder zu beobachten, dass ein Teilnehmender das Gespräch dominiert. Er ergreift immer wieder das Wort, fällt dem/den anderen ins Wort, lässt nicht ausreden, äußert Behauptungen oder Unterstellungen.

Die Meinung anderer wird nicht akzeptiert, solange sie nicht mit der eigenen übereinstimmt.

Nicht selten übertönt die Person andere durch die verwendete Lautstärke. Das wirkt oft rechthaberisch und bestimmend.

Selbst wenn diese Person in einigen Punkten recht haben kann, lässt sie nicht zu, dass andere Gesprächsteilnehmer einen gleichwertigen Redebeitrag haben oder ihre Ideen darlegen und ausformulieren können. Das ist eine unausgewogene Kommunikation.

In einem Dialog – einem Austausch zwischen <u>zwei</u> Teilnehmenden – sollte jeder gleich häufig sprechen können. Beide sollten einander zuhören und sich gegenseitig aussprechen lassen.

Unabhängig des besprochenen Themas kann ein freundlicher Ton gewählt und achtsam miteinander umgegangen werden.

Kommunikative Beleidigung

Verbale Angriffe und Beleidigungen verbieten sich in einem wertschätzenden Gespräch sowieso.

> o „In diesem Bereich sind Sie kein Fachmann!"

- o „Woher wollen gerade <u>Sie</u> das wissen?“
- o „Das ist alles haltloses Gerede.“

Hochnäsige Bevormundung

Die Beispiele lassen erkennen, welch ungesundes Klima zwischen den Dialogpartnern währt. Wie soll bei diesem Austausch ein gesundes Ergebnis entstehen?

Manchmal ist auch zu beobachten, dass einer der am Gespräch Teilnehmenden vom anderen nicht ernst genommen wird.

Das könnte sich zeigen, wenn einer die vorgesetzte Person ist, die die Hierarchie und die damit verbundene Macht einsetzt.

Es wird sich nicht konstruktiv ausgetauscht; es wird bestimmend, anordnend vorgegangen.

- o „Es wird so und so vorgegangen.“

Auch bei einem erkennbaren Altersunterschied nimmt die ältere Person die jüngere gegebenenfalls nicht ernst.

- o „Komm du erst mal in mein Alter.“

Ein höheres Alter spricht nicht automatisch für bessere Argumente. Dem Jüngeren fehlt möglicherweise die Erfahrung. Trotzdem kann er in einem bestimmten Bereich ein aktuelles Wissen vorweisen.

Schließlich soll noch eine gewisse rhetorische Bevormundung zwischen den Geschlechtern erwähnt werden.

Nach wie vor vertreten einige Männer die Meinung, dass Frauen oft nicht das gleiche mentale Level erreichen wie sie selbst. Generell betrachtet ist das natürlich erwiesenermaßen Unfug.

- o „Sie als Frau mögen das so sehen. Aber …“

In dieser Art diskriminierter Frauen sollten nicht davor zurückschrecken, ihre Meinung darzustellen und sich als gleichwertige Gesprächspartnerin zu behaupten.

Im Bereich der angreifenden Rhetorik sind solche abwertende Bevormundungen sowieso alles andere als fair.

Materieller Erfolg oder Menschlichkeit

Fairness versus Gewinn

„Jeder unglaubliche Gewinn bringt Schaden mit sich."
Menander, gr. Dichter
(um 342 – 291 v. Chr.)

Materieller Gewinn genießt Priorität

Immer wieder stellt sich vielen Menschen in hiesiger Kultur die Frage, ob ‚das Geld reicht'.

- o „Was kostet dies und das?
- o „Können wir uns einen zweiwöchigen Urlaub leisten?"
- o „Werde ich genug Rente bekommen?"

Es drängt sich die Vermutung auf, dass sich das komplette Leben nur ums Geld und die Beschaffung des Geldes dreht.

Zugegeben, für eine große Prozentzahl der Menschen treffen solche Überlegungen und daraus folgende Sorgen zu.

Tatsächlich muss gefragt werden, ob in der heutigen Zeit mit den aktuellen Werte-Empfindungen nicht andere Komponenten eine höhere Priorität genießen müssten.

- o „Wie geht es meinen Kindern?"
- o „Fühlt sich meine Freundin gut?"
- o „Bin ich glücklich?"

Der Mensch – und damit fast zwangsläufig auch die eigene Persönlichkeit – müsste vielmehr in den Vordergrund gerückt werden. Das Leben soll lebenswert sein, unabhängig des zur Verfügung stehenden Geldes. Geht die Lebenszeit zu Ende, nutzt das ‚dick' gefüllte Konto der sterbenden Person nicht mehr viel.

Also ja: In hiesiger Kultur – wie in vielen anderen auch – steht trotzdem oft der Erfolg, der Gewinn, meist der materielle Gewinn, ganz oben auf der Prioritätenliste.

Es lautet die Devise:

> o „Geld machen und noch mehr Geld machen."

Alles andere ist zweit-, drittrangig oder noch viel weiter unten auf der Liste zu finden.

Solch eine eindeutige Zielsetzung hilft dabei, auch schon mal in der ‚Grauzone' aktiv zu werden. Zu leicht und viel zu schnell geschieht es dann, ins Illegale abzurutschen. Der vermeintliche Gewinn erscheint zu verlockend.

Leider zeigt sich bei einigen Personen eine gewisse Skrupellosigkeit. Eine erkennbare Ellenbogen-Mentalität kristallisiert sich heraus. Aus Sicht des Betreffenden nachvollziehbar, will er doch ‚schnelles Geld' machen.

Der nach Gewinn Strebende will unbedingt schneller sein als der Mitbewerber. Das löst einen gewissen – manchmal gnadenlosen – Wettkampf aus, bei dem nicht immer das Prinzip des Fairplays eingehalten wird. Es geht schließlich um Geld, um viel Geld.

Bekanntlich heißt es:

> o „Geld regiert die Welt."

Der deutsche Dichter Johann Wolfgang von Goethe (1749 – 1832) meinte kopfschüttelnd:

> o „Nach Golde drängt, am Golde hängt doch alles. Ach wir Armen!"

Weshalb sollte das Streben nach Geld (oder Gold) deshalb nicht die Regeln definieren, wie es zu erreichen ist? Die Regeln des nach Geld Strebenden. Die Regeln der Wirtschaft. Die Regeln der Gesellschaft.

> o „Wir müssen das Vermögen gut anlegen. Dafür steht viel zu viel auf dem Spiel."

Dieses Bedenken äußert der Berater seinem Mandanten gegenüber.

Interessanterweise wird von ‚Spiel' gesprochen, handelt es sich doch um ‚knallhartes' Business.

Das Streben der Gesellschaft und damit des Einzelnen nach materiellem Erfolg, der damit verbundenen Macht und des Status' ist zu verlockend, um dem anderen den Vortritt zu lassen.

Viele Gewinn Anstrebende sehen die anderen als störende Gegner. Diese zu bekämpfen, genauer gesagt, zu besiegen, soll die eigene Existenz bewahren. Die Maxime (oberste Lebensregel) lautet deswegen:

- o „Es kann nur einer gewinnen. Und dieser Eine bin ich.“

Und

- o „Dazu sind mir alle Vorgehensweisen recht.“

Damit werden die unfairen Handlungen – zumindest gedanklich – einbezogen. Weshalb davor zurückschrecken, sie persönlich umzusetzen?

<u>Mit</u>-einander

In vielen Bereichen hat sich trotz solchem Vorgehen ein Miteinander dem Gegeneinander beweisen können. Eine Team-Arbeit, eine Umsetzung gemeinsamer Interessen (zum Beispiel im Verein) oder eine andere Art der Zusammenarbeit führen meist zum erwünschten Erfolg.

Der Mitbewerber wird nicht als Konkurrent betrachtet, sondern als <u>Mit</u>-Bewerber.

Jeder kann seine Stärken einbringen, in der Zusammenarbeit weitere Optionen ermöglichen. Das Projekt kann ausgereifter entwickelt werden. Und: Das Rad muss nicht von jedem erneut mit viel Aufwand neu erfunden werden.

Werden Stärken gebündelt und gemeinsam eingesetzt, kann ein Ziel und der damit erreichte Gewinn unter Umständen sogar früher eingestrichen werden. Möglicherweise ergibt sich auch ein viel größerer Gewinn als erwartet.

Selbst dann, wenn der Gewinn mit anderen geteilt werden sollte. Das ist fair, haben die anderen am Erfolg mitgewirkt.

Fairness schließt Gewinn aus?

Fairness muss nicht gegenläufig zum Gewinn stehen. Beides ist denkbar.

Die nachwachsende Generation Z sowie die davor ins Berufsleben eingetretene Generation Y sieht den (materiellen) Gewinn gar nicht mehr als höchste Priorität.

Die so bezeichnete Work-Life-Balance soll eine Ausgewogenheit zwischen Arbeit und Freizeit aufweisen.

Fairer Umgang mit dem eigenen Leben

Das Leben als solches gewinnt durch ein gemeinschaftliches Arbeiten viel mehr an Bedeutung und Beachtung.

- o „Die Hauptsache: Mir geht es <u>gut</u>.‟

Die Betonung liegt dabei nicht auf dem Wörtchen ‚mir‘, sondern auf ‚gut‘. Lebensqualität und Lebensfreude, Zufriedenheit und Gesundheit machen das ‚gut‘ aus.

Selbst wenn ein weniger materieller Gewinn erreicht wird, steigt der immaterielle Gewinn umso deutlicher.

Gleichzeitig mindert sich der Stress, da die ‚gnadenlose‘ Hast nach Geld entfällt.

Es ist doch nicht tragisch, wenn weniger Geld-Gewinn entsteht. Der immaterielle Gewinn gleicht die Geld-Lücke aus.

Mit Geld lässt sich bekanntlich viel kaufen. Aber nicht alles. Zufriedenheit, Zeit mit seinen Lieben, Freunde und anderes, lässt sich mit barer Münze nicht erstehen.

Wird erkannt, wie wertvoll das eigene Leben mit seiner begrenzten Lebenszeit ist, kann ein ‚Umschalten‘ von Materiell auf Menschlich erfolgen.

- o „Ja, ja, aber zum Leben braucht es Geld.‟

Klar, das leugnet wohl kaum jemand. Menschliches Handeln bedeutet ja nicht, auf Geld zu verzichten. Es meint lediglich die eigene Persönlichkeit in den Vordergrund zu schieben.

Fair dem eigenen Leben gegenüber

Beispielsweise könnte die ausgewogene Work-Life-Balance als Fairness im Eigenleben gesehen werden. Dem Lebensablauf eine ausgewogene Balance anbieten. Die Balance zwischen Arbeit und gelebtem Leben.

Dazu gehört: Fair mit seinen Bedürfnissen und mit seinem Körper umzugehen. Das ist auch ein lobenswertes Ziel. Fair mit dem eigenen Körper? Ja, den Körper fit halten, auf die Ernährung achten, Stress vermeiden und Vergleichbares.

- o „Mens sana in corpore sano für ‚Ein gesunder Geist in einem gesunden Körper‘.“

Das war schon die Meinung des römischen Dichters Juvenal (Decimus Lunius Luvenalis), der ungefähr 60 – 127 nach Christus lebte.

Dominiert die Arbeit, kippt die Work-Life-Balance. Wird ausschließlich auf die harmonische Erfüllung des Lebens geachtet, schlägt die Balance in die andere Richtung aus. Gekonnt ist es, das Gleichgewicht zwischen den beiden Polen zu halten.

Harmonische Zwischenmenschlichkeit

Wer in dieser Art denkt und lebt, zeigt oft auch ein verstärktes Verlangen nach harmonischer Zwischenmenschlichkeit. Zunehmende Freundlichkeit und gesteigerte Achtsamkeit können entstehen.

Die andere Person wird nicht (mehr) als Gegner eingeschätzt, sondern als wertvoller <u>Mit</u>-Mensch. Die Lebensziele sind anders gesetzt.

Der faire Umgang mit sich selbst überträgt sich auf den Umgang mit anderen. Das Zusammenleben verliert an negativem Stress. Probleme und Herausforderungen können gelassener miteinander angegangen und gelöst werden.

Die Harmonie und die gegenseitige Wertschätzung steigen. Das Zusammenleben wird fair. Was spricht dagegen – auch versuchsweise – solch eine Lebensweise umzusetzen?

Das Ziel: Aus dem gesteigerten fairen Umgang mit sich selbst eine gesteigerte Fairness im sozialen Umfeld zu erzielen.

Optimierung – Gemeinsamkeit

Wertvoller Umgang miteinander

Anstand und Wertschätzung

Anstand

Anstand, gibt es so etwas noch? Das ist doch etwas altmodisch. Oder ist es immer noch zeitgemäß, dass Menschen ,anständig' miteinander umgehen? Ja, natürlich, auch wenn es nicht überall zu beobachten ist.

Der Duden definiert Anstand als ,gute Sitte' und als ,schickliches Benehmen'. Sitte wiederum steht ursprünglich für die Art und Weise des Zusammenlebens.

Wissen.de beschreibt Anstand als ,Schicklichkeit' beziehungsweise ,gutes Benehmen'. ,Schick' bedeutet eine gewisse modische Eleganz.

> o „Das schickt sich nicht", meint die Tante.

Sie meint:

> o „Das gehört sich nicht."

In der Bedeutung, dass sich das bemängelte Verhalten nicht in die gültigen Umgangsformen fügt.

Hört sich alles wie Begriffe aus der Vergangenheit an.

Im Wort Anstand findet sich ,Stand', einen Zustand der Unbewegtheit. Stand, einmal als Verb stehen und Stand im Sinne des sozialen Standes (wie früher Klerus, Adel, Bauern).

Im Mittelhochdeutschen ,an(e)stän', das mit ,zum Stehen kommen' oder ,sich gehören' übersetzt wird, ergibt sich das Eigenschaftswort ,anständig'.

Wer Anstand hat, verhält sich demnach anständig. Er zeigt zeitgemäßes und situationsbedingt angemessenes Benehmen. Er weiß sich den aktuellen Regeln der Gesellschaft entsprechend zu verhalten. Und er verhält sich entsprechend.

Noch besser: Wer sich anständig verhält, verhält sich ‚seinem Stand entsprechend. Das bezieht ein, dass je nach Stand und Status ein unterschiedliches Verhalten und Auftreten erwartet wird.

Bei ‚Hofe‘ war und ist es besonders wichtig, die Etikette einzuhalten. Die dort Handelnden waren auf jeden Fall angewiesen, sich ihrem Stand entsprechend zu verhalten.

Vergleichbares gibt es in vielen Gruppierungen. Durch ihr Auftreten, ihre Handlungen, ihr Outfit werden sie dieser Gruppe als zugehörig betrachtet und beachtet. Verstoßen sie gegen geschriebene oder ungeschriebene Gesetze, werden sie aus der Gruppe gedrängt.

Beim Outfit heißt es beispielsweise:

  o „Frau X kleidet sich anständig.“

Ihre Kleidung entspricht ihrem gesellschaftlichen Stand. Die Kleidung passt auch zum Anlass, zur Jahreszeit und so weiter.

Wer von solch einem ‚Ständedenken‘ nichts hält, kann das durch die gezielte Wahl anderer Kleidung ausdrücken.

Eigene Bedürfnisse als Priorität?

Hin und wieder scheint es jemandem vollkommen egal zu sein, dass es Regeln des Zusammenlebens gibt. Diese Person sieht nur die eigenen Bedürfnisse, die mit ausgefahrenen Ellenbogen durchgesetzt werden sollen.

Manche Regeln zu den Umgangsformen und dem gesellschaftlichen sowie beruflichen Miteinander sind über Jahrhunderte gewachsen. Sie sollen das Miteinander der Menschen koordinieren und sind dementsprechend festgelegt. Sie haben sich bewährt und werden allgemein akzeptiert.

Andere Regeln entwickeln sich aufgrund neuer Technik, Erfindungen, Erkenntnissen, Entdeckungen oder geändertem Werteempfinden. Im letzten Fall gilt nicht mehr das von früher, sondern das von heute.

Die Globalisierung, weltweite Veränderungen, gestiegener Tourismus und der starke interkulturelle Austausch tragen zur Erweiterung des eigenen Horizonts bei, wie das Wissen um fremde Sitten, Bräuche und Umgangsformen.

Diese Überlegungen bedürfen einer gewissen Anpassung der Gesellschaft und des Einzelnen. Starres Scheuklappen-Denken und die ewige ‚früher-war-alles-besser-Mentalität‘ sind überholt.

Manche Regeln sind allerdings auch nicht schriftlich festgehalten. Es gibt viel zu viele Konstellationen, auf die individuell – aber trotzdem fair – reagiert werden soll. Hier muss das gesunde Bauchgefühl zeigen, sich so zu verhalten, ‚wie es angebracht‘ ist.

Wer Regeln kennt, kann – bewusst – in unerwarteten Situationen abweichen und entsprechend angemessen und souverän reagieren.

Lucius Annaeus Seneca (ca. 4 – 65 n. Chr.) meinte immerhin schon vor über 2.000 Jahren:

> o „Was das Gesetz nicht verbietet, verbietet der Anstand.“

Es ist manchmal ganz schön schwierig, sich auf dem teilweise ausgesprochen glatten Parkett, im beruflichen Umfeld und dem sozialen Miteinander unfallfrei – und anständig – zu bewegen.

Nicht zu vergessen, dabei mit dem anderen fair umzugehen und ihn als wertvoll anzusehen.

Wertschätzung

Wertschätzen bedeutet zuerst, sich selbst zu akzeptieren. Wer seine eigenen Stärken und Schwächen kennt, wer sich seiner selbst bewusst ist, schätzt seine individuellen Werte.

Gelingt ihm das, kann er auch andere Menschen anerkennen, unabhängig erbrachter Leistungen oder Fähigkeiten.

Beide Wortteile zeigen eine besondere Bedeutung. Im Wort Wertschätzung stecken ‚Wert' und ‚Schatz'. Der Wert zeigt, dass die Persönlichkeit Kostbarkeiten oder Qualitäten innehat. Die Person ist voller Wert – sie ist wertvoll.

Wer würde sich nicht freuen, einen Schatz zu finden? Ein Schatz ist etwas Besonderes und meist materiell, kann aber auch ideell/immateriell sein. Die Persönlichkeit verbirgt manchen Schatz, über dessen Besitz sich die Person erst einmal selbst bewusst werden kann. Das Selbstbewusstsein wird durch das Bewusstsein gestärkt.

Wertschätzen ist etwas Besonderes. Statt wertschätzen lässt sich auch sagen: jemanden achten, akzeptieren, anerkennen, hochachten, hochhalten, (ver-)ehren, viel geben auf …

Wer jemanden wertschätzt, zollt ihm Respekt. Er zeigt Wohlwollen im Sinne einer positiven Hinwendung. Er baut zum anderen eine sympathische Beziehung auf.

- o „Ich erkenne an, was du geleistet hast."
- o „Ich achte dich."
- o „Ich bin froh, mit dir zusammen zu sein."

Die Wertschätzung sich selbst gegenüber soll nicht unterschätzt oder gar vergessen werden. Auch dann, wenn es ungewöhnlich klingen sollte: Wer sich selbst wertschätzt bekommt eine andere, eine bessere Sicht zu sich selbst und zum eigenen Verhalten.

Steigt die Erkenntnis der eigenen wertvollen Persönlichkeit, kann noch offener, ehrlicher – und wertschätzender – mit anderen umgegangen werden.

Positive Hinwendung

Wertschätzung bezeichnet also die positive Hinwendung zu sich selbst und zum Gegenüber. Wer sich selbst wertschätzt, baut seine Selbstachtung, seinen Selbstwert auf.

Es zeigt sich, dass Menschen mit gut ausgeprägtem Selbstwert von anderen verstärkt wahrgenommen und auch wertgeschätzt werden.

Folglich heißt das, dass ein Mensch zuerst sich selbst achtet und sich mit allen seinen Stärken und Schwächen schätzen lernt.

Dann wird es ihm auch problemlos gelingen, anderen gegenüber wertschätzend und respektvoll aufzutreten.

Interessanterweise zeigen Menschen mit schwach ausgeprägtem Selbstwert oft anderen gegenüber eine geringe Wertschätzung. Sie achten den anderen nicht.

Manchmal handeln sie mit verharmlosendem Lächeln, um über die eigenen Pläne zu täuschen. Manchmal gehen sie auch offen vor, unberührt über Kritik, die andere an ihrem Verhalten äußern.

Hier öffnet sich der Weg zum Mobbing und zur Diskriminierung sehr schnell. Andere werden ,geringgeschätzt' bis hin zu ,verachtet'. Sie werden unfair behandelt.

Für das Gute einstehen

Menschen wie der indische Rechtsanwalt Mohandas Karamchand (Mahatma) Gandhi (1869 – 1848), der US-amerikanische Baptistenprediger Martin Luther King (1929 – 1969), der südafrikanische Rechtsanwalt Nelson Rolihlahla Mandela (1918 – 2013) und viele andere kämpften – oft gewaltfrei und jahrelang – für die Gleichberechtigung der Menschen oder dafür, dass die Menschen gleich behandelt werden, wertschätzend und fair.

Sie steckten viel Energie und Lebenszeit in ihren ,Kampf'.

Viele dieser so handelnden Idealisten mussten ihre Ideen, ihre Visionen, mit dem Leben bezahlen.

Würde

o „Oma soll in Würde sterben", sind sich die Geschwister einig.

Die Würde leitet sich vom Althochdeutschen ,wirdi' ab, was so viel wie ,Wert', ,Ehre', verdient' bedeutet.

Weshalb warten, bis die Oma ehrenvoll zu Grab getragen wird? Es kann einer Person doch schon im Leben Würde entgegengebracht werden.

In der Bedeutung von ‚Wert‘ passt die Würde zur weiter oben ausgeführten Wertschätzung.

Immer wieder ist von Menschenwürde zu hören. Sie spiegelt den Menschen einen Wert zu, ungeachtet der individuellen Ausprägung. Somit gilt die Menschenwürde für alle Menschen gleich.

Würdenträger

Personen, die besonders geehrt, vielleicht verehrt werden, weil sie Positives für die Gesellschaft leisteten oder leisten, und ein hohes weltliches oder geistliches Amt begleiten (begleiteten), werden als Würdenträger bezeichnet.

Üblicherweise bewegt sich dieser Würdenträger ‚würdevoll‘. So zeigt er sich durch eine Aufrechthaltung, etwa starkem Auftreten, sich seiner Stellung bewusst und bewegt sich ohne Hetze.

Nicht nur dem Würdenträger soll ein würdevoller Umgang geboten werden, sondern im weitesten Sinn jedem Menschen.

Jeder Mensch darf für sich in Anspruch nehmen, dass mit einer gewissen Achtung mit ihm umgegangen wird – und zwar unabhängig von Stand, gesellschaftlichem oder politischem Rang.

Würde dem Würdenträger gegenüber zeigen ist geläufig. Würde zeigen dem sich in der Gesellschaft am unteren Rand Bewegenden, würde denselben Anspruch dem betreffenden Menschen gegenüber gerecht werden.

Sei es der Geflüchtete, der Obdachlose, der Geringverdiener, der Verarmte, der Ausgestoßene, der Andersdenkende – alle sind Menschen, die mit ihren Schicksalen klarkommen müssen.

Im Sinn der Umgangsformen und der Fairness kann in diesem Bereich etwas mehr Wärme und Menschlichkeit gelebt werden.

Fairer Handel

Offen kommunizieren, Transparenz zeigen, respektvoll sein

Die einzelnen Schritte beim fairen Handel sind gut kontrolliert und nachvollziehbar. Von der Produktion bis hin zum Verkauf. Gleichzeitig erhält der Erzeuger des Produkts einen vereinbarten Mindestpreis. Damit werden die Produkte ‚fair gehandelt‘.

Durch die Kommunikation zwischen Produzent und Händler (gegebenenfalls über eine Fairtrade-Organisation) soll der Einkaufspreis so festgelegt werden, dass der Produzent vernünftig davon leben kann.

Das ist fair und zeigt dem Produzenten einen gewissen Respekt für seine erbrachte Leistung.

Die Preisgestaltung wird transparent, sodass auch der Konsument den Verkaufspreis nachvollziehen kann. Er bekommt eine Erklärung für den finalen Preis, der in der Regel – nachvollziehbarerweise – über dem des klassischen Handels liegt.

Nicht vergessen: Das, was der Konsument bei einem günstigen Preis spart, bezahlt ein anderer an anderer Stelle.

Zwischenmenschliches Handeln

Die Idee des fairen Handelns lässt sich auch auf viele andere Bereiche übertragen.

Im weitesten Sinne ‚handeln‘ zwei Kommunizierende im Gespräch miteinander.

Die Tochter will die Mutter davon überzeugen, dass sie mehr Taschengeld benötigt.

Nach einigem Hin und Her einigen sich beide auf einen ‚fairen' Betrag. Mutter und Tochter sind einverstanden. Beide haben durch den Austausch ihrer Argumente miteinander vernünftig und zielorientiert kommuniziert.

Beide sind offen in ihren Bedürfnissen und Befürchtungen. Sie handeln transparent.

Schließlich respektieren Mutter und Tochter die Argumente des Gegenübers und zeigen sich diesbezüglich respektvoll.

Beide können gut, einvernehmlich und harmonisch mit der gefundenen Lösung leben, so wie beim Fairtrade auch.

Faires Handeln

Der faire Handel zeigt den ‚ordentlichen' Umgang im Geschäftsleben. Diese Vorgehensweise lässt sich auf faires Handeln übertragen.

Faires Handeln führt zu fairem Handel.

So soll das Wort ‚Handel' aus dem geschäftlichen ‚Tauschvorgang' ins tägliche Leben übernommen werden.

Im Wort steckt die Hand. Das Wort kommt aus dem Althochdeutschen ‚hantalon', welches bedeutet, ‚etwas in die Hand nehmen', ‚etwas verrichten', ‚etwas tun'.

- o „Wir müssen das Problem endlich anpacken", meint eine Person aus dem Team.
- o „Ich nehme das nun mal in die Hand", ergänzt eine andere energisch.

Aus den ungeduldigen Aussagen der Personen ist erkennbar, dass sie aktiv werden wollen. Sie greifen förmlich nach dem Problem um es ‚behandeln' zu können. Sie werden aktiv.

Handel zeigt eine Aktion, die von jemandem aktiv angegangen wird. Zum Handel braucht es wenigstens zwei Personen, zum Handeln genügt (erst einmal) eine aktiv werdende Person.

In dem Augenblick, in dem sie bei ihrer Handlung eine andere Person mit einbezieht, sind sie wieder zu zweit.

Beide tauschen ihre Ideen, Probleme, Wünsche aus und sind im Bestreben, das angepeilte Ziel zu erfüllen.

Selbst bei dieser Art des Austauschs bedarf es, sowie beim fairen Handel, einer transparenten Strategie, die dank der offenen Kommunikation der beiden Beteiligten erreicht wird.

Durch eben diesen fairen Umgang wird sich gegenseitig Respekt gezollt und Wertschätzung praktiziert.

Durch diese Vorgehensweise sollte die angestrebte Lösung bald erreicht sein. Beide Beteiligten können sich über den Erfolg in der fruchtbaren Zusammenarbeit freuen.

Es liegt nahe, dass sie auch in Zukunft weiterhin Handel treiben werden.

Fairway

Golfer kennen den Fairway. Das ist die lange, kurz geschnittene Grasfläche zwischen Abschlag und Grün (auch Green, der Bereich rund um das Golf-Loch, Hole).

Fairway bedeutet frei übersetzt den freien, unbehinderten Weg von A nach B zu haben.

Transparenz

> *„Von Zeit zu Zeit kommen Menschen in die Welt,*
> *die Kraft haben, das Unsichtbare sichtbar zu machen.“*
>
> **Friedrich Martin Adalbert Kayssler, dt. Schauspieler**
> **(1874 - 1945)**

Sich gedanklich öffnen

Der Begriff Transparenz wurde nun einige Male erwähnt. Er gehört zur praktizierten Fairness. Transparenz (lat. ‚trans' für ‚hindurch' und ‚parere' für ‚sichtbar sein') trennt, teilt oder schützt, wobei das auf der anderen Seite Befindliche nicht versteckt, sondern gezeigt wird.

Eine Fensterscheibe soll für diesen Begriff als anschauliche Erklärung stehen. Sie trennt zum Beispiel innen von außen. Sie behindert aber nicht die Sicht. Es kann auf die jeweils andere Seite gesehen werden.

Im Geschäftsleben lässt sich nicht jeder gerne ‚in die Karten' schauen. Entwicklungen werden auf dem – nach außen – Verborgenen bearbeitet.

Vorgehensweisen und Strategien, Zutaten/Bestandteile, Programmierung und anderes Notwendiges werden geheim gehalten.

Der Grund ist nachvollziehbar: Mitbewerber – oder Spione – sollen die Idee nicht stehlen können. Mitbewerber mit derselben Idee sparen sich die Entwicklungskosten und würden den erwarteten späteren Verkaufspreis drücken.

Ist das Produkt marktreif, wird es der Öffentlichkeit präsentiert und gegebenenfalls zum Kauf angeboten.

Je nach Produkt kann die Herstellung (oder die Bestandteile) weiterhin geheim gehalten werden, um Nachahmer auf Distanz zu halten.

Mitbewerber, Spione oder Nachahmer, die ihren eigenen Profit planen sind nicht in der Lage, die Ideen stehlen zu können.

Austauschen und ergänzen

Anders sieht es bei Partnern aus. Beide Seiten wollen dazu beitragen, das Produkt oder die Dienstleistung erfolgreich und gewinnbringend zur Vermarktung zu bringen.

Würde jeder der beiden in seinen eigenen vier Wänden arbeiten, ohne gleichzeitigen Austausch, könnte das Produkt – theoretisch – zweimal unabhängig voneinander entwickelt werden. Es wären demnach doppelte Kosten entstanden.

Weiter ist fraglich, ob die individuell hergestellten Produkte das optimale Ergebnis widerspiegeln könnten.

Bestenfalls ist ein Maximal-Ergebnis, auf den Einzelnen bezogen, zu erzielen.

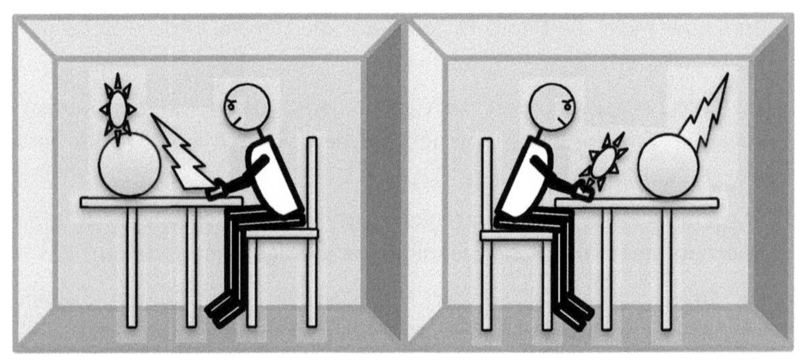

Würden beide von Anfang an miteinander arbeiten, sich austauschen, ihre Bedenken und ihre Visionen beschreiben, Ideen verwerfen und neue entwickeln, könnte der jeweils andere profitieren, wohlgemerkt zugunsten des angestrebten Produkts.

Verbesserungsvorschläge könnten direkt übernommen werden. Zusätzliche Erweiterungen wären denkbar.

Das Optimal-Ergebnis liegt über dem Maximal-Ergebnis. Es beinhaltet alle Ideen, die durch den Austausch entstanden.

Maximum deshalb, weil jeder der beiden seine Maximalkräfte in die Produkt-Entwicklung steckt(e). Allein kann er nicht mehr erreichen.

Gedankenaustausch

Um die ideale Zusammenarbeit bei der Entwicklung zu erreichen, bedarf es der Transparenz. Im gemeinsamen Arbeitsraum trennt keine (Fenster-)Scheibe die beiden dort Arbeitenden.

Die Scheibe trennt sozusagen die Gedankenwelt der beiden voneinander. Die Transparenz ist gegeben, wenn beide einander die Gedanken/Überlegungen zum Projekt dem anderen sichtbar machen.

Beide tauschen sich ständig aus, merzen Fehler aus und fügen Verbesserungen ein. Sie verheimlichen keine Details, erklären offen und vorbehaltlos.

> o „Schau mal her, ist das sinnvoll für unser Projekt?"

Natürlich ist für eine solch gezeigte Transparenz Vertrauen zueinander notwendig. Bestünde die Befürchtung, dass eigene Gedanken missbraucht würden, oder der andere hintergangen würde, wäre die benötigte Transparenz nicht zu gewährleisten.

Im Idealfall der transparenten Zusammenarbeit würde die Entwicklung zusätzlich sauber dokumentiert, damit bei Bedarf auch später bestimmte Entscheidungen und Vorgehensweisen nachvollzogen werden können.

Privates bleibt privat

Transparenz bedeutet nicht, dass der andere jedes Detail der sich öffnenden Person offenbart. Privates schließt sich üblicherweise aus. Gewisse Geheimnisse sollen aufbewahrt werden.

Solche Art Privates bleibt privat. Diese Informationen sind nicht für Dritte gedacht.

Hier zeigt sich das oben erwähnte Vertrauen. Würde dieses Vertrauen gebrochen, wäre eine faire Zusammenarbeit kaum mehr möglich.

Die gewünschte Transparenz bezieht sich auf den Bereich des zu behandelnden Projekts.

Transparenz im Sinne der Fairness zeigt sich auch im privaten Bereich. Möglichst wenige Geheimnisse müssen bewahrt werden.

Trotzdem wird in einer fairen Partnerschaft und Freundschaft offen miteinander umgegangen. Der jeweils andere kann zum Beispiel seine Stimmung kundtun. Er kann bekanntgeben, wenn es ihm gesundheitlich nicht so gut geht oder wenn ihn Sorgen plagen.

Der Partner unterstützt, soweit es ihm möglich ist, und wenn der Wunsch zur Unterstützung gefragt ist.

Kindness

**Laotse, chin. Philosoph
(6. Jh. vor Chr.)**

Freundlichkeit und Nettigkeit

Wie recht hatte Laotse schon zu seiner Lebenszeit. Seine markanten Aussagen über Freundlichkeit stimmen auch nach hunderten von Jahren noch.

Der heutzutage verstärkt benutzte Begriff Kindness, ein Wort aus der englischen Sprache, steht für Freundlichkeit oder auch Nettigkeit (Niceness).

Die meisten Menschen ziehen ein harmonisches Miteinander unschönen Auseinandersetzungen und Verwirrung stiftender Missstimmungen aller Art vor.

Weshalb verhalten sich dann nicht erkennbar mehr Menschen freundlich zueinander? Weshalb sind allenthalben schlecht gelaunte Menschen mit mürrischem Gesichtsausdruck zu sehen?

Bekanntlich ist das Leben vergänglich und somit einmalig. Würden Nettigkeiten die Stimmung nicht aufhalten und eine wohlfühlende Atmosphäre erzeugen?

Dabei geht es nicht um honigtriefende oder schleimende, falsche oder aufgesetzte Freundlichkeit. Nein, es ist eine ernst gemeinte Aufmerksamkeit anderen gegenüber gemeint.

- o „Da, einen [Apfel] will ich dir schenken“, lockt die als Bauersfrau verkleidete böse Königin.

Prompt fällt Schneewittchen auf die vermeintliche Nettigkeit herein. Das Gift im Apfel versetzt sie in den vermeintlichen Tod.

Nicht nett.

Nettigkeit

‚Bitte' und ‚Danke', ein freundliches Lächeln, ein aufmunterndes Zunicken, beim Betreten des Wartezimmers und bei vielen anderen Gelegenheiten mehr.

Freundlich oder nett zu sein kostet in der Regel kein Geld. Nur etwas innere Motivation ist aufzubringen. Also denn.

Zugegeben: Das Wort ‚nett' hat einen leicht zweifelhaften Ruf von nichts ausdrückender Bedeutung.

Nett kommt ursprünglich aus dem Lateinischen ‚nitidas' für ‚glänzend', ‚stattlich'. Später verfeinerte die französische Sprache das Wort als ‚net' für ‚makellos', ‚fein'. Die Bedeutung hat sich etwas gewandelt. Heute hat das Wort eher die Ausdruckskraft für ‚liebenswert' oder ‚sympathisch'.

Sympathisch klingt ganz passend. Verhält sich jemand in diesem Sinn nett, wirkt er auf andere ansprechend.

In Zeiten verblassender Umgangsformen scheint es sogar notwendig, auf den Bedarf der Nettigkeit hinzuweisen. Nicht umsonst gibt es deswegen wohl den

- o Welt-Nettigkeitstag am 13. November und den
- o Mach-etwas-Nettes-Tag in den USA am 5. Oktober.

‚Mach etwas Nettes' fordert der letztgenannte Tag auf. Er erinnert – einmal im Jahr – daran, in diese Richtung aktiv zu werden.

Offensichtlich scheint es notwendig aufzurütteln und in Erinnerung zu bringen, auch mal nett zu sein. Andererseits – was spricht dagegen?

Kindness liegt im Trend

Im Business drängt sich gerade die Kindness in den Vordergrund, was das Führungsverhalten betrifft. Die Zeiten des autoritären Führungsstils sind sowieso schon lange überholt.

Früher wurde ein allzu freundlich wirkendes Verhalten der Führungskraft gegebenenfalls sogar als Schwäche gedeutet. Heute darf eine Chefin oder ein Chef Schwächen zeigen, unabhängig der gezeigten Freundlichkeit.

Geschätzte 100 Jahre zurück war es in vielen Familien noch nicht mal üblich, dass der Vater die Kinder angelächelt oder gar nett mit ihnen umging. Das war bestimmt schlimm für den Nachwuchs.

Gut, die Zeiten ändern sich. Damit auch die Werte und Einstellungen. Das freundliche Miteinander im Unternehmen wie in der Familie verschönert das Leben. Das Leben wird stressfrei.

Im Berufsleben ist die Kindness nun angesagt. Im Gesellschaftlichen könnte sie problemlos übernommen werden.

Freundlich sein zu Dienstleistern, zu Staatsbeamten und zu Beschäftigten des Sicherheitswesens. An sich eine Selbstverständlichkeit. In umgekehrter Richtung gilt das natürlich auch.

Und das freundliche Verhalten zu allen anderen auch, mit denen zusammengekommen wird.

Also: Freundlich und nett sein und die gegenseitige Fairness optimieren!

Regeln und Vereinbarungen

„Die Guten ins Töpfchen, die schlechten ins Kröpfchen."
Aus ‚Aschenputtel'
Dt. Märchensammler Brüder Grimm
(Jacob Ludwig Karl, 1785 - 1863 und Wilhelm Carl, 1786 - 1859)

Regeln geben Sicherheit

Steigende Freundlichkeit oder Nettigkeit heißt nicht, dass jeder tun und lassen kann, was er will.

Bedauerlicherweise braucht es verständliche Regeln und Vereinbarungen, damit jeder klar weiß, wie er sich verhalten soll. Damit wird vermieden, dass andere geschädigt werden und erreicht, dass das Zusammenleben im Gesellschaftlichen konfliktfrei verlaufen kann.

Theoretisch könnte die Gesellschaft ohne Regeln leben. Aber: Die Praxis hat gezeigt, dass gewünschte Verhaltensweisen bei weitem nicht von jedem geachtet, geschweige denn umgesetzt werden.

So verbannten einige Städte beispielsweise E-Scooter, da diese immer wieder arglos abgestellt oder abgelegt wurden und gleichzeitig Gefahr für andere heraufbeschwörten.

Wenige, die sich uninteressiert der Gesellschaft gegenüber verhalten erzwingen Regeln, Vorschriften, Gesetze, deren Nicht-Einhaltung geahndet werden.

Jeder Einzelne kann dazu beitragen, dass Regeln erstellt werden müssen. Jeder Einzelne kann aber auch zum fairen Umgang beitragen.

 o „Ich als Einzelner kann sowieso nicht …"

Doch, der Einzelne hat auch Einfluss.

Klare Regeln

Aufgestellte Regeln müssen klar und eindeutig sein.

Die freundlich eingestellte Vorgesetzte äußert ihrem Assistenten gegenüber:

 o „Über eine Aufstellung der besprochenen Punkte würde ich mich freuen."

So mag auch die Assistenz denken.

> o „Schön, dass sie sich freuen würde."

Was macht die Assistenz? Nichts. Sie betrachtet die Äußerungen der vorgesetzten Person lediglich als Information, nicht als Auftrag.

Der Auftrag müsste klarer erfolgt sein.

> o „Bitte stellen Sie mir bis heute Abend …"

Der Aushang in der Kaffeeküche informiert:

> o „Gebrauchtes Geschirr gehört in die Spülmaschine."

Gemeint ist der Aushang als Appell, gebrauchtes Geschirr direkt in die Spülmaschine zu geben. Findige Mitarbeiter wollen aber nicht den Appell hören, sondern lesen den Aushang als reine Information. Also stellen sie den benutzten Becher auf der Arbeitsfläche ab.

So bleibt es nicht aus, Regeln aufzustellen, diese klar und unmissverständlich zu formulieren.

Regeln sind ein guter Anfang. Damit es nicht nur beim guten Anfang bleibt, müssen bedauerlicherweise auch hin und wieder Kontrollen erfolgen.

Kontrollen schränken das Vertrauen ein. Sie helfen jedoch, die sogenannten ‚schwarzen Schafe' aus der Allgemeinheit zu filtern.

Je weniger Regelverstöße, desto mehr Vertrauen, welches dem Ausbau der Fairness hilft.

Rahmenbedingungen

Der Vorgesetzte sagt zum Mitarbeiter:

> o „Erledigen Sie das. Ich verlasse mich ganz auf Sie."

Hat der Vorgesetzte solch großes Vertrauen in den Mitarbeiter und weiß, welches Ergebnis er bis wann erwartet?

Für den Mitarbeiter ist der Auftrag in sehr weiten Grenzen gesetzt, nämlich lediglich, dass er aktiv werden soll. Bedeutet das die große Freiheit für sein Tun? Oder bereitet er nun eine Lösung ‚auf Verdacht' vor? Bis wann soll er (Zwischen-)Meldung geben?

Wird er zu einem unbestimmten Zeitpunkt sein Ergebnis einreichen kann es sein, dass der Vorgesetzte dieses mit einer Handbewegung ,vom Tisch wischt'.

- o „Nein, so habe ich mir das nicht vorgestellt."

Vergeudete Zeit und Energie. Diese Verschwendung wäre nicht notwendig gewesen.

Besser ist es, wenn das Ziel und der Zeitpunkt vorgegeben sind. Wie und wann der Mitarbeiter am Projekt arbeitet, bleibt ihm überlassen.

Hier wird Vertrauen gezeigt bei gleichzeitiger Festlegung gewisser Rahmenbedingungen.

Klare Absprachen

Auch im privaten Zusammensein lassen sich Wünsche und Regeln (in höflicher Form) äußern:

- o „Bitte rufe mich nicht zwischen 14:00 Uhr und 15:00 Uhr an", informiert Franziska ihre Freundin. Sie fügt hinzu:
- o „In der Zeit bin ich oft bei meiner betagten Nachbarin, um ihr kleine Hilfestellungen zu geben."

Der Freundin wird es bestimmt nicht schwerfallen, dem Wunsch von Franziska Folge zu leisten. Sie will sicherlich nicht stören, wenn sie weiß, dass Franziska während dieses Zeitfensters anders eingebunden ist.

Unter Freunden sollte es problemlos möglich sein, Wünsche zu äußern. Wenn einer der Freunde ein bestimmtes Verhaltensmuster nicht mag, sollte der andere das verstehen, ohne eingeschnappt zu sein.

Zwei ältere Menschen treffen sich nach Vermittlung über eine Partner-Vermittlungs-Plattform im Café zum ersten Date. Abschließend will der Herr – ungefragt und in guter Absicht – die gemeinsame Rechnung übernehmen.

Die Dame ist sauer. Sie ist der Meinung, als gestandene Frau selbst bezahlen zu können. Sie will den Mann nie wiedersehen.

Bei einem weiteren Treffen mit einer anderen Kandidatin bittet der Herr daher die Bedienung um getrennte Rechnung.

Die Dame ist sauer. Sie ist der Meinung, der Mann sei zu geizig. Sie will ihn nicht wiedersehen.

Tja, wie verhält sich der Herr bei einem weiteren Date? Am besten folgt er den aktuellen Umgangsform-Regeln. Er könnte vor dem ersten Treffen die Dame fragen, ob er sie einladen darf.

Dann steht es der Dame frei, das Angebot abzulehnen oder anzunehmen.

Durch das Absprechen und Festlegung dieser Vereinbarung werden Missverständnisse diesbezüglich reduziert oder ausgeschlossen.

Der Fairness und den guten Umgangsformen wurde Genüge geleistet.

Offene und ehrliche Kommunikation

„Offenheit und Einfachheit zieren die Redlichkeit."
Lucius Annaeus Seneca, röm. Philosoph
(ca. 4 v. Chr. - 65 n. Chr.)

„Sprechen und hören ist befruchten und empfangen"

Die Überschrift ist als Zitat von Novalis (dt. Lyriker, 1772 – 1801) zu sehen. Viel Interaktion ist bei diesem Satz zu erkennen.

Viele Menschen würden unterschreiben, dass Kommunikation jederzeit und mit jedem problemlos umsetzbar sein sollte.

Die Praxis zeigt, dass nicht jeder mit jedem sprechen möchte. Das soll akzeptiert werden.

Zwei Personen, die miteinander zu tun haben, sollten allerdings unvoreingenommen die Bereitschaft mitbringen, eine offene Kommunikation zu wollen.

Unvoreingenommen heißt, so in ein Gespräch zu treten, dass nicht schon im Vorfeld eine negative Stimmung aufgestaut ist.

Offene Kommunikation heißt nicht zwangsläufig, dass jedes kleine Geheimnis offenbart werden soll. Aber dann soll kommuniziert werden, wenn über einen Punkt nicht gesprochen werden darf/soll.

- o „Über diesen Punkt darf/will ich mich jetzt nicht äußern."
- o „Hierzu will ich mich vor der öffentlichen Bekanntgabe nicht äußern."
- o „Sobald das Ergebnis vorliegt, gebe ich es bekannt."

Solch eine Aussage ist fair, zumindest besser als fantasievoll zu lügen oder wolkig zu fabulieren.

Zur Kommunikation gehört klares, möglichst unmissverständliches Sprechen. Einige übersehen, dass auf der anderen Seite dann auch das aufmerksame Hören gefragt ist.

Konstruktive Rückfragen sind in der Regel erwartet. Nicht-Verstandenes wird geduldig und in anderen Worten erneut erklärt.

Unzufriedenheit durch mangelnde Kommunikation

Viel Unzufriedenheit entsteht durch eine mangelhafte Kommunikation.

Die Streikenden beschweren sich darüber, dass sie von der Geschäftsleitung über anstehende Veränderungen nicht informiert wurden.

Bürgerinnen und Bürger sind aufgebracht, weil sie von der Regierung keine klare Information zu bestimmten Projekten erhalten.

- „Wir werden total übergangen."
- „Unsere Meinung ist wohl nicht wichtig."
- „Unsere Interessen interessieren niemanden."

In allen Fällen fühlen sich die Betroffenen ausgeschlossen.

Vorgesetzte fällen manchmal Entscheidungen, ohne Austausch mit ihren Mitarbeitenden. Es gehört zu ihren Aufgaben, Entscheidungen zu treffen. Nicht jede Entscheidung erwartet im Vorfeld eine ausgiebige Diskussion.

Informationen können über den hausinternen Verteiler gegeben werden. Im Vorfeld könnte auch mit den Führungskräften gesprochen werden, die die Neuigkeiten an die Mitarbeitenden weitertragen.

Jedenfalls wäre es sinnvoll, die getroffene Entscheidung zu erklären. Das trägt zum besseren Verständnis und gegebenenfalls sogar zur Unterstützung bei.

Kommunikation als Grundelement des Lebens

Auch bei Belangloserem ist in den meisten Fällen ein Austausch gewünscht. Immerhin ist Kommunikation ein Grundbestandteil des Lebens. Sie trägt dazu bei, einander besser zu verstehen. Sie hilft bei kritischen Situationen aller Art. Sie dient zum Netzwerken, zum Aufbau der Pflege von Beziehungen.

Die Kommunikation zeigt die An-Erkennung des anderen und hilft dadurch dem gesellschaftlichen Miteinander. Das Wohlergehen der Gemeinschaft, des Staates wird unterstützt und gefördert.

Zur Kommunikation gehören:

- o „Wie geht's?" (Floskeln)

- o „Schönen Tag." (Pflege der Umgangsformen)

- o „Das Blutbild zeigt folgende Werte …." (Informationsvermittlung)

- o „Würdest du bitte mal mit anpacken?" (Bitte um Unterstützung)

- o „Hole drei Kartons Druckerpapier." (Anweisung)

- o „Oh, Entschuldigung." (Entschuldigung)

- o „Wie heißt die Hauptstadt von Peru?" (Unklarheiten klären)

- o „Ich liebe dich." (Gefühlsäußerung)

Und viele andere mehr.

Das Wort Kommunikation (lat. ‚communicatio' für ‚Mitteilung', ‚Austausch', ‚Verständigung') stellt bereits eine Vielfältigkeit der Gesprächsinhalte dar.

Die zwischenmenschliche Kommunikation besteht aus gesprochenen Wörtern, der Aussprache (Stimme, Lautstärke und so weiter), wie auch der nicht gesprochenen Signale (Mimik, Gestik Körperhaltung und andere).

Wird von offener Kommunikation gesprochen, soll möglichst nichts verheimlicht werden. Gute Gespräche finden statt, wenn Vertrauen besteht, wenn geredet und zugehört wird, wenn versucht wird, einander wirklich zu verstehen.

Fremdwörter werden direkt erklärt, Abkürzungen nur benutzt, wenn der Gesprächspartner sie kennt. Die Aussprache ist klar und verständlich.

Die ehrliche Kommunikation bleibt bei der Wahrheit, lässt Schwindeleien oder gar Lügen aus. Eigene Meinungen werden der Wahrheit entsprechend geäußert.

Schleimerei und Scheinheiligkeit sind keine Elemente der ehrlichen Kommunikation.

Missverständnisse vermeiden

Bekanntlich kommt es in Gesprächen immer wieder zu Missverständnissen. Eine Nachricht wird fehlgedeutet, ein Wort falsch verstanden, die Bedeutung einer Aussage anders eingeschätzt, als vom Sprechenden beabsichtigt.

Durch das genaue Zuhören, das Beobachten der Körpersprache des Gegenübers, das Achten auf die Betonung und so weiter können viele Missdeutungen vermieden werden.

Bei Online-Meetings oder schriftlichem Austausch sind einige Möglichkeiten der Wahrnehmungen im Gespräch eingeschränkt.

Deshalb ist es umso wichtiger, sich sehr aufmerksam am Gespräch zu beteiligen. Egal ob vor Ort oder als Telekommunikation durchgeführt, sollte bei Unklarheiten oder gefühlten Missverständnissen direkt nachgefragt werden.

Immerhin soll die Kommunikation zufriedenstellend für alle verlaufen. Im Sinne der Fairness soll jeder zufrieden und/oder am Ende des Gesprächs motiviert sein.

Gleichbehandlung

*„Der Weise wird unwillkürlich mit den anderen Menschen leutselig umgehen
wie ein Fürst und sie, trotz aller Verschiedenheit
der Begabung, des Standes und der Gesittung, leicht als gleichartig behandeln.“*

Friedrich Wilhelm Nietzsche, dt. Dichter

(1844 - 1900)

Liebenswerte Unterschiede

Es lässt sich einfach dahinsagen, dass alle Menschen gleich seien. Das stimmt natürlich nicht, gibt es aufgrund der Herkunft, der geschlechtlichen Ausrichtung, des Körperbaus, des sozialen Umfeldes und anderen gewaltige Unterschiede.

Bildung, materielle Situation, Interessen und Werte vertiefen diese Unterschiede.

Genau gesagt unterscheiden sich Menschen alle voneinander. Abgesehen von einigen Mehrlingen (Zwilling, Drillinge, …) ist jeder Mensch anders.

Das ist sehr gut so, sähe sonst jeder doch nur sein Spiegelbild vor sich. Neben dem gleichen Erscheinungsbild hätten alle gleiche Vorlieben, Stärken und Schwächen. Wie langweilig.

Durch die Unterschiedlichkeit der Individuen entstehen wieder unterschiedliche Kombinationen in der Team-Arbeit und in Partnerschaften.

Hieraus lassen sich profitable Vorteile ziehen, lassen sich die Stärken jeder Person mit denen des Gegenübers zu neuen Stärken zusammenfügen und unerwartete Ergebnissen bringen.

Trotz der geschilderten Vorteile zeigt es sich, dass einige Menschen dieser Gesellschaft Nachteile zu bewältigen haben. Der Abstand zu anderen kann sich vergrößern, sodass ein Miteinander kaum mehr denkbar erscheint. Bestenfalls könnte solch eine Situation als respektiertes Nebeneinander bezeichnet werden.

Gegeneinander

Oder es wird zu einem Gegeneinander. Spätestens ab diesem Moment kann nicht mehr von Gleichbehandlung gesprochen werden.

Die Personen <u>sind</u> nicht gleich. Sie betrachten einander nicht als gleich. Sie behandeln sich auch nicht mehr gleich. Anders ausgedrückt, sie werden ungleich behandelt. Sie behandeln einander ungleich.

Der eine schaut ‚versnobt‘ auf den ‚da unten‘. Der andere beachtet den auf ‚der Straße‘ Lebenden überhaupt nicht mehr.

Der eine gibt dem anderen vor, wie er sich ‚gefälligst‘ zu verhalten habe. Ein anderer wird übergriffig oder sogar handgreiflich.

Wieder andere werden diskriminiert, ausgeschlossen, benachteiligt, physisch oder psychisch geschädigt. Weshalb wird ‚nach unten‘ getreten, statt friedlich zu bleiben?

Natürlich gibt es nicht nur die Missachtung von oben nach unten, sondern auch umgekehrt. Oder auch auf gleicher Höhe. Nur deswegen, weil der andere ‚anders‘ ist, als die Person selbst.

Heutzutage dienen solche Ungleichbehandlungen kaum mehr dem eigenen Überleben. Das Überleben des Einzelnen funktioniert ja nicht durch Auslöschung des anderen. Sonst wäre am Ende des Prozesses nur noch eine Person am Leben.

Ist im Menschen eine Art böses Raubtier-Verhalten zu erkennen?

Alle diese Verhaltensweisen haben mit Fairness nicht das Geringste zu tun. Im Gegenteil.

Böses versus Gutes

Wenn es Böses im Menschen gibt, muss es auch Gutes geben. Wie wäre es machbar, das Gute, den guten Umgang mit anderen, in den Vordergrund zu schieben?

Wozu?

- o Um die allgemeine Stimmung zu heben.

- o Um mehr Ruhe im Zusammenleben einzubringen und gleichzeitig Stresssituation auszugrenzen und dadurch der Gesellschaft (und damit auch sich selbst) eine aufstrebende Entwicklung mit nachfolgendem Wohlstand zu ermöglichen.

- o Um bestimmte unangenehme Situationen gar nicht erst entstehen zu lassen.

- o Um eigenes Wohlbefinden zu erhöhen.

- o Um das eigene Leben friedlicher und menschenfreundlicher zu gestalten.

- o Um eine schöne Lebenszeit zu haben.

Das sind lediglich einige Gründe, weshalb eine Gleichbehandlung in vielen Bereichen vorzuziehen ist.

Andere Perspektive – Unterschiede und Gemeinsamkeiten finden

Menschen anderer Kulturkreise betrachten manche Herausforderungen aus anderer Perspektive. Sie können dadurch Betrachtungen beisteuern, die selbst nicht entstanden wären.

Ähnliches trifft auf Menschen zu, die deutlich größer oder kleiner als der Durchschnittsmensch gewachsen sind. Statt sie deswegen zu belächeln oder zu bemitleiden, können deren Betrachtungen äußerst wertvoll sein. Auch sie betrachten das Durchschnittliche aus einer anderen (räumlichen) Perspektive.

Zielgruppe einbinden

Geht es um die Aus- und Weiterbildung von Jugendlichen, tauschen sich renommierte und gestandene Fachleute aus. Diese sind in der Regel älter als die betroffenen Jugendlichen. Manchmal sind auch ‚verdiente‘ Ältere im Gremium, die einen noch weiteren – zeitlichen – Abstand zum Jugendlichen haben.

Welcher aus der Runde empfindet genauso wie der aktuelle Jugendliche?

- o „Früher war ich auch mal jung.“

Diese Aussage ist zweifellos richtig. Aber ‚früher‘ ist nicht ‚heute‘. Die Zeiten haben sich geändert, wie es so schön heißt.

Weshalb nicht Schüler- oder Semester-Sprecher/in in solch eine Konferenz mit einbeziehen?

Dadurch bekämen die Jugendlichen, um die es geht, auch eine Stimme. Sie könnten zu den geplanten Projekten ihre Sicht der Dinge beitragen. Das Betrachtungsfeld würde größer.

Außerdem würde nicht ‚über den Kopf' der Zielgruppe bestimmt, sondern mit ihnen zusammen Pros und Contras beleuchtet.

Im Feedback in mancher professionell durchgeführten Talkrunde wird bemängelt, dass oft <u>über</u> und nicht <u>mit</u> einer Zielgruppe diskutiert wird.

Wäre es nicht fair, in vielen Fällen die Sicht des anderen zu sehen und deren Analysen zu durchdenken?

Nur, weil der andere aus einer anderen Schicht, Altersgruppe oder Kultur stammt, sollte er – fair und damit gleich – betrachtet werden; im Idealfall auch geachtet.

Vom ‚Wert' her dürfte sowieso jeder Mensch gleich sein. Unabhängig von Position und Lebensansicht.

So, wie vor Gericht alle gleichartig behandelt werden sollen, ist das im Berufsleben und im Gesellschaftlichen auch machbar.

Jeder, der anderen gegenüber fair sein will, kann zur Verbesserung in diesem Sinn beitragen. Die Entschuldigung

o „es ist halt so, wie es ist",

sollte nicht herhalten, die Gleichbehandlung zu umschiffen.

Unparteiisch – Unparteilich

Eine Partei (lat. ‚pars' für ‚Teil') bildet einen Anteil der Gesellschaft ab. Die Beteiligten bilden einen Teil der Gruppierung.

Ist jemand parteiisch, ist er weder objektiv noch unvoreingenommen. Er ist dem einen mehr zugeneigt als im anderen.

Parteilich (mit dem ‚l' in der Mitte) zeigt, dass die Person die Interessen einer Seite (Partei) vertritt.

Verständlicherweise kann weder der Parteiische noch der Parteilichen neutral und objektiv sein.

Für die vertretene Gruppe ist solch ein Vorgehen gut. Für andere können sich Nachteile bilden.

Neutralität

In bestimmten Situationen bedarf es deutlicher Neutralität. Von der Richterin und dem Richter wird erwartet, dass sie/er unparteiisch ist. Ein Urteil soll nicht nach Gefühlen, sondern objektiv nach Fakten gefällt werden.

Von der Moderatorin und dem Moderator in einer Talkrunde wird ebenso ein unparteiisches Moderieren erwartet.

Lobt die Moderation einen Redebeitrag mit:

> o „Das ist ein gutes Argument", bringt das Wörtchen ‚gutes‘ die Neutralität ins Wanken.

Besser ist es, zu sagen:

> o „Das ist ein Argument."

Es ist für die Moderation oft gar nicht so leicht, unparteiisch zu bleiben. Das liegt unter anderem an der eigenen Meinung, die die Moderation vertritt, an ihren eigenen Wertevorstellungen und ihren Einstellungen.

Gerade bei Pro-Contra-Themen wird durch Partei nehmende Begriffe der Wert einer Aussage verändert, genauer gesagt verstärkt.

Sitzen zwei Parteien (Pro und Contra) in der Runde, soll ein ausgewogener, unvoreingenommener Austausch möglich sein.

Durch die Bekräftigung einer Aussage einer der beiden Parteien fühlte diese sich bestärkt, zulasten der anderen Seite.

Tragen zwei Mitarbeitende einen Konflikt gegeneinander aus, soll der Vorgesetzte ebenso unparteiisch vorgehen. Ungeachtet dessen, ob er einen der beiden Kontrahenten sympathischer finden sollte.

Unparteiischkeit trägt zur Fairness bei. Selbstverständlich darf eine Person ihre eigene Meinung haben und vertreten. Bei der Ausübung bestimmter Funktionen wird aber die neutrale Unparteiischkeit erwartet.

Empathie

„Einfühlsam zu sein und zu fühlen sind zwei verschiedene Dinge.
Das eine ist eine Frage des Herzens,
das andere ist eine Frage des Urteilsvermögens.“

Denis Diderot, frz. Philosoph
(1713 - 1784)

Mitgefühl

Empathie (gr. ‚empatheia‘ für ‚heftige Leidenschaft‘) bedeutete offensichtlich früher die empfundene heftige Gefühlsregung einer anderen Person gegenüber.

Soweit muss es nicht kommen. Im heutigen Sinn steht Empathie für ‚Einfühlungsvermögen‘, für ‚Mitgefühl‘.

- o „Ich denke, ich kann mitfühlen, wie es Ihnen in der Situation geht.“

Es zeichnet einen Menschen aus, die Fähigkeit zu besitzen, sich in die Gefühlswelt des anderen zu versetzen.

Dank seiner Spiegelneuronen kann eine Person ähnliche/gleichartige Wahrnehmungen wie das Gegenüber empfinden. Verspeist die Person eine Banane, kann der Beobachter den Geschmack des Obsts empfinden, ohne dass er selbst eine Banane essen muss.

Gefühls-Empfindung

Vergleichbar ist das mit den Gefühlen. Ist jemand traurig, weil er gerade ein Elternteil verloren hat, kann der andere diese Trauer nachempfinden, sofern er selbst bereits den Verlust eines Elternteils betrauerte.

Manchmal sind die Gefühle einer Person äußerlich zu erkennen. Manchmal bleiben sie hinter einer neutralen Mimik versteckt.

Gerade die zweite Konstellation macht es dem Gegenüber schwierig, empathisch zu sein. Es bedeutet einen etwas höheren Aufwand, hinter die Fassade zu schauen.

Trifft jemand eine Viertelstunde später zum vereinbarten Treffpunkt ein, muss nicht gleich eine tadelnde Standpauke gehalten werden.

Nicht zwangsläufig liegt die Verspätung am Stau, an einer ausgefallenen Bahn, am Verschlafen, sondern möglicherweise an geleisteter Hilfe nach einem Unfall. Das ist lobenswert und muss nicht zwangsläufig getadelt werden.

Nach-Empfindung

- „Ich kann verstehen, was Sie fühlen", ist manchmal als Floskel zu betrachten.
- „Ich spüre Ihre Trauer."

Das wird gegebenenfalls ‚nur so' hingesagt, um scheinbares Verständnis zu zeigen beziehungsweise eine Gemeinsamkeit entstehen zu lassen.

Nimmt der Angesprochene an, dass der andere <u>nicht</u> verstehen kann, bringt die Äußerung nichts. Dann lieber:

- „Ich kann nicht nachempfinden, wie es Ihnen augenblicklich geht, will aber mein Bedauern ausdrücken."

In Dialogen behauptet einer:

- „Ich weiß, was du meinst, aber …"
- „Ich kann nachvollziehen, weshalb du so argumentierst, aber …"

Schön, dass er annimmt zu wissen. Allerdings bringt er durch das angehängte ‚aber' sofort eine Entwertung des vom Gegenüber Gemeinten ein.

Die Mutter fordert ihren dreizehnjährigen Sohn auf:

- „Ich will dich ja verstehen. Dann erkläre mir bitte …"

Es kann sein, dass der Sohn Erklärungen für sinnlos hält. Er fürchtet aufgrund bisheriger Erfahrungen, dass das Elternteil nicht verstehen kann oder will. Vielleicht hat er auch die Befürchtung, dass das Elternteil später die gewonnenen Erklärungen gegen ihn auslegen wird. Das wäre unfair.

Auch in der Partnerschaft ist Empathie gefragt. Gute Partner zeigen Empathie und streben danach, Gründe, die zu Missverständnissen führen, möglichst zeitnah zu klären.

Empathie zu zeigen und entsprechend vorzugehen bedarf Energie und den Willen, den anderen wirklich verstehen zu wollen.

Wer sein Gegenüber besser versteht, kann menschlicher und fairer mit ihm umgehen.

Epilog

... und wenn sie nicht gestorben sind ...

*„Bleib bei mir; wenn du alle Arbeit im Haus ordentlich tun willst,
so soll es dir gut gehen."*

Aus ‚Frau Holle"
Dt. Märchensammler Brüder Grimm
(Jacob Ludwig Karl, 1785 - 1863 und Wilhelm Carl, 1786 - 1859)

... dann leben sie noch heute

Fairness und Gerechtigkeit, Benachteiligung und Wertschätzung, Ausgrenzung und Gleichbehandlung – da kann der Kopf rauschen. Bei genauer Analyse der Begriffe und der Beobachtungen der Praxis, lässt sich manche Ungerechtigkeit erkennen.

Manchmal sind sie sofort wahrnehmbar. Manchmal werden sie geschickt – auch mithilfe der Rhetorik – getarnt.

Liebe Leserin, lieber Leser, lassen Sie sich nicht vorgaukeln, wie unglaublich fair die Berufs- und die Privatwelt ist.

Erkennen Sie, wo Unfairness vorzufinden ist und gehen Sie – soweit Sie möchten – dagegen vor.

Auch nach Reflexion der eigenen Handlungen könnte das eine oder andere Verhalten kritisch betrachtet und gegebenenfalls angepasst werden.

Selbst wenn eine faire Welt wie eine Vision erscheint, kann jeder, wenn er will, dazu beitragen, dass sie ein wenig fairer wird.

Lassen Sie die Fairness nicht aussterben.

Ihnen guten Erfolg beim fairen Umgang in vielen Situationen.

Horst Hanisch

Knigge als Synonym und als Namensgeber

Umgang mit Menschen

„Suche weniger selbst zu glänzen,
als andern Gelegenheit zu geben,
sich von vorteilhaften Seiten zu zeigen,
wenn Du gelobt werden und gefallen willst.“

Adolph Freiherr Knigge, aus dem Buch „Über den Umgang mit Menschen", 1788
(1752 - 1796)

Das Böse lauert im Märchen

Die Märchen aus ‚grauer‘ Vorzeit zeigen, wie der ‚einfache‘ Mensch gegen die übergroßen Kräfte des Bösen kämpfen musste.

Im Märchen erscheinen durchtriebene Feen, böse Stiefmütter (Entschuldigung an die lieben Stiefmütter), ja sogar der Teufel tritt hin und wieder persönlich auf.

Wie schlimm und unsicher muss die Welt der Vorfahren gewesen sein, mussten sie sich doch ständig gegen Verlockung, Neid und Intrigen wehren.

Adolph Freiherr Knigge

Adolph Freiherr Knigge (1752 – 1796) beobachtete den zwischenmenschlichen Umgang. Er veröffentlichte gut gemeinte Tipps, um das Zusammenleben harmonisch(er) ablaufen zu lassen.

Schon zu seinen Lebzeiten war er bei vielen Zeitgenossen umstritten. Knigge setzte sich durch sein energisches Eintreten für die Ziele der Aufklärung, so wie er sie verstand, scharfen Angriffen aus. Er arbeitete als Romanschriftsteller und Satiriker, sowie als politischer Schriftsteller. Er gehörte den Freimaurern an.

Heute ist Knigge vor allem durch sein Buch ‚Über den Umgang mit Menschen‘ (1788) bekannt. Und zwar deswegen, weil sein Werk als Etikette-Buch angesehen wird. Knigge verdankt seinen heutigen Ruf und Erfolg aber einem Missverständnis. Denn: Das Werk Adolph Freiherr Knigges gilt als Etikette-Buch ersten Ranges.

Allerdings beschreibt Knigge keine Regeln wie mit Besteck umzugehen ist, oder das Verhalten bei Tisch, stattdessen offenbart er eine praktische Lebensphilosophie im Umgang mit Mitmenschen.

Er gibt Anleitungen und Anregungen, wie mit seinen Mitmenschen zwischenmenschlich harmonisch und ‚richtig' umzugehen ist. Knigge hoffte damit, dass die Menschen glücklich und froh miteinander leben könnten.

Sein Buch erschien 1788 und war schon nach kurzer Zeit in fast allen Haushalten zu finden. Über 200 Jahre lang prägte sich sein Buch im Bewusstsein der Leser als praktisches Handbuch über gutes Benehmen ein. In drei Teilen seines Buchs hat Knigge über den Umgang mit verschiedenen Menschengruppen geschrieben, zum Beispiel:

- Über den Umgang mit Leuten von verschiedenen Gemütsarten, Temperamenten und Stimmungen des Geistes und des Herzens (Erster Teil, 3. Kapitel).
- Über das Verhältnis zwischen Wohltätern und denen, welche Wohltaten empfangen, wie auch unter Lehrern und Schülern, Gläubigern und Schuldnern (Zweiter Teil, 10. Kapitel).
- Über den Umgang mit den Großen der Erde, mit Fürsten, Vornehmen und Reichen (Dritter Teil, 1. Kapitel).

Obwohl es heute klar ist, dass Knigge anderes verfolgte, als heutzutage unter seinem Namen verstanden wird, soll ‚Knigge' als Synonym für den Bereich stehen, dem sich das vorliegende Buch widmet.

Wie könnte in der Gesellschaft ein vernünftiger Umgang untereinander und das soziale Miteinander ohne gegenseitiges Verstehen funktionieren? Der Wunsch nach mehr Respekt, gegenseitiger Wertschätzung und harmonisch zwischenmenschlichem Umgang ist deutlich angesagt.

Listige Realität

Trotz aller Bemühungen ist es nach wie vor nicht gelungen, das Hinterhältige, Egoistische oder Rücksichtslose in der menschlichen Gesellschaft verschwinden zu lassen.

Im Gegenteil: Immer häufiger wird von zunehmendem, verständnislosem und aggressivem Verhalten anderen gegenüber berichtet.

Selbst im beruflichen Miteinander bleiben diese Listigkeiten und Hinterhältigkeit gegenüber Kollegen und Kolleginnen, Kunden und Kundinnen, sowie Vorgesetzten und Mitarbeitenden nicht aus.

Es entpuppt sich als Märchen anzunehmen, dass jegliches Lächeln als Freundlichkeit zu deuten ist.

Dieser Ratgeber soll helfen, die Märchen des vorgespielten harmonischen Miteinanders zu entlarven.

Die ‚echten' Absichten sollen erkannt werden. Somit soll es der Leserin und dem Leser Unterstützung an die Hand geben, rhetorische Tricks zu durchschauen und sich dagegen wappnen zu können.

Knigge erzählte keine Märchen. Er ließ Leser und Leserinnen am tatsächlichen und gewünschten gesellschaftlichen und beruflichen Miteinander teilnehmen. Das soll mit diesem Ratgeber ebenso erfolgen.

So sei Knigge mit seinen Überlegungen zum besseren Zusammenleben gewürdigt.

Stichwortverzeichnis

Ratgeber im kompakten 12x19-Format

Der kleine ... -Knigge [2100]

Anstands- und Banausen-...
Business- und Kunden-...
Büro- und Kollegen-...
Gäste- und Gastgeber-...
Gesellschafts- und Freunde-...
Outfit- und Stil-...
Interkulturelle- und
Auslands-...
Bewerbungs- und
Vorstellungs-...
Event- und Feste-...
Gastro- und Tischsitten-...
Speisen- und Exoten-...
Trinkkultur- und Getränke-...
Je 88 Seiten

Das kleine Handbuch
der Rhetorik [2100]

Erfolgreich reden
Körpersprache einsetzen
Vorträge trainieren
Nervosität austricksen
Begeistert überzeugen
Unterschwellig manipulieren
Wahrnehmung verzerren
Einwände entkräften
Gespräche führen
Meetings leiten
Geschicktes Nudging
Interviews führen
Je 100 Seiten

Das Märchen der ...
professionellen Argumentation
harmlosen Fragen
sauberen Wahrheit
vertrauenswürdigen Fairness
... in der Rhetorik [2100]
Je 100 Seiten

Ratgeber-Reihe

Ego-Knigge [2100]
Persönlichkeits-Management
Stress-Management
Zeit-Management
Gedächtnis-Management

Lebenseinstellung
Aberglauben-Knigge [2100]
Lügen- und Egoismus-
Knigge [2100]
Glücks-Knigge [2100]
Angst- und Optimismus-
Knigge [2100]

Bräutigam, Braut, Brautpaar
Bräutigam-Knigge [2100]
Braut-Knigge [2100]
Brautpaar-Knigge [2100]

Selbst-Coaching
Selbstbewusstsein Knigge [2100]
Selbstwertgefühl Knigge [2100]
Selbstoptimierung Knigge [2100]

Bewerbungs-Knigge [2100]
Für Frauen – Tina bewirbt sich
Für Männer – Tom bewirbt
Tina und Tom bewerben sich digital

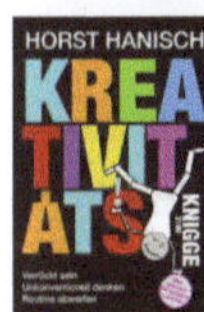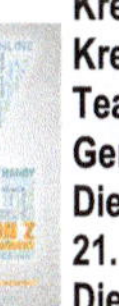

Kreativität und Team
Kreativitäts-Knigge [2100]
Team- und Typ-Knigge [2100]
Generation X und Y
Die flotte Generation Y im
21. Jahrhundert
Die aktive Generation Z im
21. Jahrhundert

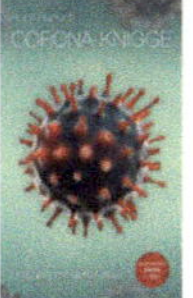

Ratgeber 12x19-Format
Das kleine Knigge-Quiz [2100]
Corona-Knigge [2100]

Leben und Lifestyle

Adam allein auf der Welt Knigge 2100
Jugend-Knigge 2100
Zukunfts-Knigge 2100
KI-Knigge 2100
Wertschätzung-Knigge 2100
Hochzeits-Knigge 2100
Ü65- und Senioren-Knigge 2100
Blumen-Knigge 2100
Bekleidung! Ausdruck der Persönlich-
keit –   Lukas' Outfit-Knigge 2100
Nudel-Knigge 2100
Der Interkulturelle Kompetenz-Knigge
2100
China-Deutschland-Knigge 2100
Dschungel-Knigge 2100
Von alles guten Geistern verlassen-
Knigge 2100

Der Dicke-Knigge 2100
Typisch Frau – Typisch Mann Knigge
2100
Kulinarischer und Gastronomischer
Knigge 2100
Klo- und Pinkel-Knigge 2100
Omi hüpf' mal
Der Hunde-Knigge 2100
Welcome to Germany-Knigge 2100
Besuch willkommen Knigge 2100
Last List Leid 2100
Mensch Macht Mörder 2100
Tod, Trauer, Totenkult-Knigge 2100

Rhetorik, Soft Skills, Hochschule, Beruf

Englisch:

Rhetorik ist Silber

Moderation ist Gold

Lebhafte Körpersprache

Rhetoric – Mastering the Art of Persuasion

Discussion – Mastering the Skills of Moderation

Body Language in Europe

Das große Buch der Kommunikation und der Gesprächsführung [2100]

Das große Buch der Rhetorik [2100]

Trickreiche Rhetorik [2100]

Körpersprache [2100] – Lüge, Verrat, Macht

Soft Skills-Knigge [2100]

Die moderne Führungskraft [2100]

Schlagfertigkeit-, Spontaneität-, Stegreif-Knigge [2100]

Pitch Skills und Überzeugungs-Knigge [2100]

Smalltalk-Knigge [2100]

Quassel-Knigge [2100]

Studenten- und Hochschul-Knigge [2100]

Jugend-Karriere-Knigge [2100]

Emotionale Rhetorik im Leben und rund um den Tod [2100]

Innere Rhetorik [2100]

Kriegerische Rhetorik [2100]

Blumige Rhetorik [2100]

Tele-Meeting [2100]

Alles hat seine Zeit – Knigge [2100]

Beratung, Coaching, Seminar

Wer hat nicht gerne mit Menschen zu tun, die selbstbe-
wusst und selbstsicher mit anderen Menschen umgehen?
Geschäftspartnern, die die elementaren Regeln des ‚Be-
nimms' beherrschen, stehen die Türen zum Erfolg offen.
Unternehmen, die neben ihrer fachlichen Leistung auch ‚menschlich' überzeugen wollen, bieten wir für ihre Mitarbeiterinnen und Mitarbeiter aktives
Training im Umgang mit Kunden, Gästen, Kollegen und Gesprächspartnern
an.

Auf unserer Website informieren wir Sie über unsere Angebote:

- Firmen-Internes-Training
- → Business-Etikette und das Lehr-menü
- → Präsentieren, Moderieren, Kom-munizieren
- → Körpersprache und ihre Ge-heimnisse
- → Teuflische Rhetorik und das Er-kennen manipulativer Aspekte
- → Flottes Reden vor und zu ande-ren
- → Der erste entscheidende Ein-druck
- Interkulturelles Training

- Intensiv-Training für
- → TV-Auftritte
- → Vorträge
- → Präsentationen
- → Reden
- Fachliteratur und journalistische Beiträge
- Vorträge/Speaker
- → Vor kleinem und vor großem Publikum
- Workshops
- → Soft Skills
- → Team-Training

Individuelles Coaching für Einzelpersonen: Wer es ganz individuell mag,
greift zurück auf ein Einzel-Coaching, auch als Online-Coaching. Hier werden ganz persönliche Herausforderungen angegangen, mit Themen wie:

- → Erscheinungsbild – Der Erste Eindruck
- → Selbstsicheres und authenti-sches Auftreten
- → Persönlichkeitsentfaltung
- → Bewerbungstraining
- → Rhetorik und Überzeugungskraft

- → Erfolgreiche Verhandlungsfüh-rung
- → Kommunikation und Konfliktbe-wältigung
- → Präsentations-Techniken und Moderation
- → Interkulturelle Kompetenz

und andere Themen – direkt auf die besonderen Bedürfnisse des Einzelnen
zugeschnitten. Besuchen Sie uns auf www.knigge-seminare.de

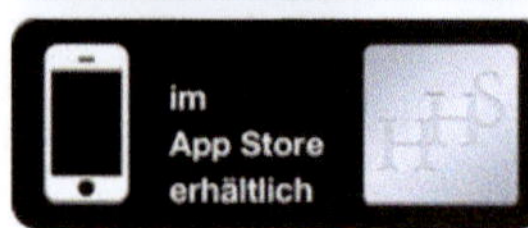